渋沢栄一 一日一訓

［現代語抄訳］青淵先生訓言集

渋沢栄一［著］
PHP理念経営研究センター［編訳］

PHP

はじめに

渋沢栄一は、日本の近代化に多大なる貢献をした人物でした。その活躍の範囲は経済界を中心に、公共団体や学校など非常に幅広く、設立や運営に関与した主な企業・団体には、東洋紡、帝国ホテル、東京ガス、清水建設、東京証券取引所、東京商工会議所、一橋大学などがあり、現在一八六の企業・団体が存続していると言われています。しかも渋沢がそれぞれの創設時等に示したとされる理念は、一世紀ものときを超えて、今も生き続けています。

たとえば東洋紡では、渋沢が述べた「順理則裕（理にしたがえば、すなわちゆたかなり）」という言葉が、今もって遵奉されるべき企業理念になっています。帝国ホテルのホームページには、「ホテルは一国の経済にも関係する重要な事柄。外来の御客を接伴して満足を与ふるやうにしなければならぬ」という渋沢の言葉が掲載されており、東京ガスのホームページでも、渋沢が述べた「道徳経済合一説」は、今日に生かすべき理念として紹介されています。また、かつて渋沢が相談役を務めた清水建設では、渋沢の理念の代表的なキーワードである「論語と算盤」が社是に制定されました。渋沢が深く関与した企業は、いずれも今日なお渋沢に敬意を払っていると言えます。

この不易の理念は、渋沢が言うように、日々の行動に反映されてこそ真に意味があると言えましょう。それは理念について述べるときに、渋沢が常に強調したことでした。

本書はそうした渋沢の理念や見方・考え方に、より多くの人に触れていただくために、『青淵先生訓言集』（富之日本社、一九一九年）の現代語抄訳版として刊行されるものです。現代のビジネスパーソンにとって学びになると思われる言葉を厳選し、日々味わうことができるように、三六六日「一日一訓」の形にしています。また、必要に応じて注釈をつけ、史実について補足したほか、渋沢が漢文を独自に解釈して引用しているところは、できるだけ簡潔かつ分かりやすく解説することを心がけました。

現代語訳に際しては、原則として逐語訳とし、原文のリズムを崩さないようにしています。難解な単語や言い回しは、現代のビジネスシーンでも使われている表現に極力近づけつつ、同時に渋沢が言おうとした真意をくみ取って尊重することを基本方針としました。

巻末の解題は、渋沢史料館の井上潤館長にご協力いただきました。

渋沢の言葉から多くの方が、日常の仕事や生活における大切な理念を学び得て、より豊かな人生を送っていただけるようであれば、編訳者として、これに勝る喜びはありません。

二〇二〇年九月

ＰＨＰ理念経営研究センター

渋沢栄一　一日一訓

目次

写真提供◆渋沢史料館
装丁◆上野かおる

1月　「義理合一」の信念をもって

フランスにて
侍姿の栄一

1日

各個人は、国家や社会の一つの分子であるから、一挙手一投足がみな国家や社会に影響し、各個人だけで完結するものではない。その失敗は国家や社会にまで影響し、死んだとしてもその責任をまぬがれることはできないのだから、人は自分だけのことと思って勝手なふるまいをしてはならない。

2日

国家を健全に発展させるために、国民たるものは、商工業においても、学術や芸術においても、外国と争って必ず勝つという剛毅《ごうき》なる心意気がなければならない。

3日

商工業者は文明の開拓者である。先導者である。

4日

空理空論に走り、虚栄に向かう国民は、決して真正の発達をとげることはできない。

5日

経済に国境なし。いずれの方面においても、わが知恵と努力をもって進むことを主義としなければならない。しかし、道理にかなった経営でなければ、国内でうまくいかないし、国際間でもうまくいかない。他人の欠点や弱点に乗ずることなどは、決して商工業者がするべきことではない。

6日

世界で平和が乱れるのは、国家同士の行動が、王道によらないからである。すなわち覇道や非文明的な行為から乱れが生じるのである。

※皆が自然に従う王者の道と、力ずくで同化させる覇者の道との違いは、『孟子』の重要なテーマである。渋沢は大正十四(一九二五)年に『論語講義』を出版したのち、『孟子講義』の執筆も検討していたが、未完に終わった。

7日

たとえ、みずからに利益があるからといって、他国の困難を喜ぶようなことは、人道に反するものである。その利益は決して長続きするものではない。

8日

国際的な政策もまた、個人の関係と同じく、仁義忠孝を基礎とすることがなければ、世界の将来に平和を期待することは難しい。

※仁は人を思いやる心、義は自分の不正を戒める道徳心、忠は私心なくまごころをつくす心、孝は親や祖先につくす心を意味する。儒教では通常『孟子』が説いた「仁義礼智」を代表的な徳とするが、渋沢は「仁義忠孝」という言い方をより好んだ。

9日

物質文明の進歩は、どうかすると仁義道徳と相いれないことが多い。その弊害として極端な個人主義となり、わがままな思想となり、ついに経済と道徳とが、分離、分裂して、かえって文明の退歩を促すおそれがある。一部の実業家の中には、利益さえ得られれば仁義道徳は関係ないと考えている者がいる。これははなはだ誤った考えで、もしこのような人が海外貿易などに携われば、自分一人の欲だけを追って、不正や不道徳の行為をして、小さくは外国人の信用を失ってわが国経済の発展を阻害し、大きくは国際間の紛争を引き起こさないとも限らない。実に警戒すべきことである。

10日

わが国の武士道による義侠心《ぎきようしん》と、米国の正義・博愛の精神とは、その国がらが異なるのとは違って、相互に通じ合うところがあると思われる。この一致点は、今後両国の親善をはかる際に、見逃すべきでない。

この際にもっとも注意すべき点は、真に国交を強固にするために、国民相互の感情が打ち解けあうだけではなく、両国の利害の一致も図らなければならないことである。

※渋沢は実業界を引退して後、日米の民間外交に尽力している。この功績により、大正十五（一九二六）年と昭和二（一九二七）年、ノーベル平和賞の候補に挙がっていた。

11日

いかにみずから苦労して築きあげた富であっても、これを自分一人の専有物と思うのは、大きな見当違いである。人はおのれ一人のみで何でもできるものではなく、国家社会の保護があればこそ、富み栄えて、安全に生活することができるのである。もし国家や社会の保護がなかったならば、満足にこの世で生活することは不可能である。富が増せば増すほど、社会の助けを受けることが多くなるわけであるから、この恩恵に対する報酬として、救済事業に助力するなどは当然の義務であり、できるだけ社会のためにつくすことが、富める者の本分というものである。

12日

人々が各自でよく働き、身を修めて生活を営むことは、ひとりその人の幸福であるのみならず、また社会の幸福でもある。かくして、社会の平和と安全が保たれるのである。

13日

人は各々独立自営の心をもつべきで、かりにも依頼心を起こしてはならない。そうでなければ、社会を顧みず、独立が孤立となり、人の恩も忘れて、知人を顧みず、ただ自己本位のみで世を渡ろうとすることになり、大いに戒めるべきことである。

14日

「義利合一」の信念をもち、もっぱら仁義道徳によって、利用厚生の道を進めるのが、実業家の徳義である。

※「義利合一」は、渋沢の理念のうち、もっとも重要なキーワードであり、「義利両全」ともいう。経済活動と道徳は一致しうるし、また常に一致しなければならないという考えを意味している。「道徳経済合一説」とか、「論語と算盤《そろばん》」と述べることもある。

15日

人の過失を責めるにあたって、第一に心すべきことは、その人に対し、いささかも憎悪の念を抱いてはならないことである。

16日

人を諫《いさ》めたり責めたりする場合には、その根本条件として「罪を憎んで人を憎まず」という真心をもっていなければならない。

17日

自分は親切だと思ってしたことが、かえって恨まれる結果になることがある。これは手段が未熟であったためであるから、かかる場合に直面した人は、みずからよく反省するべきである。

18日

会社の仕事において、意見が合わない場合など、あるいは職を失う覚悟をしてでも、何が正しくて何が正しくないかを論争しなければならないことがある。しかし、多くの場合は、なるべく朗らかな顔をして、穏やかに議論するのが最上の方策である。

19日

親切を基本として与えられた忠告は、終生忘れることのできないものである。

20日

一般には、服従することが善良な行為とされ、反抗することが礼儀知らずな行為と思われているが、服従することが必ずしも善ではなく、反抗することが必ずしも悪とはならない。上司の命令であっても、道理に背き、害がある内容ならば、外見上は反抗と見なされるようでも、是非を区別して争うべきである。もしそうしなければ、こびへつらっているだけの心が曲がった人であり、許しがたい人である。

21日

普段から誠意をもってことに当たっていれば、いざという場合に、それが非常に大きな力となって、自分の助けになるものである。

※中国古典で「誠」を重視するのは『中庸』である。渋沢は六歳のころ父

親から『大学』と『中庸』を学び、漢文の道に入ったと述べている。

22日

およそ世の中のことは、決して一人だけ、第一世代だけで成り立つものではない。第二世代、第三世代と引き続きよい人が出て、やがて最上の域に達するものである。一時的に偉い人が出たからといって、一足飛びに国が富み、強くなるわけではない。今日のイギリスがあるのは、現在の人々の力だけではないし、百年前の偉い人の力だけでもない。祖父も偉い、親も偉い、子も偉い、孫も偉いと、相次いで偉い人が出て、かく立派になったのである。うどはすぐに大きくなるが、いわゆる「うどの大木」であり、すぐに枯れてしまう。ケヤキやクスノキは、一年や二年で大きくならないが、最後には立派な大木となる。国家の歩みもそれと同じである。

23日

すべて世の中を進めて行くのは人である。世の中を衰えさせるのも、また人である。『荀子《じゅんし》』の「乱君ありて乱国なく、治人ありて治法なし」とは、まさに名言である。人は国の構成要素であり、土地だけで国になるわけではない。人だけで国だとも言えないが、人と土地がそれぞれ集まって初めて国が成り立つのである。ゆえに人たるものは、ただ自分さえよければいいと願ってはならない。

※この『荀子』の言葉は「国を乱す君主はいるが、勝手に乱れる国というものはない。国をよく治める人はいるが、勝手にうまく治まる法というものはない」という意味。

24日

およそ世の中は、何ごとも進歩発展が必要であるけれども、向こう見ずにただ進むわけにはいかない。特に国家の進歩については、十分に進歩させつつ、歴史も顧みて、しっかりと地盤を踏みしめ、つまずいて倒れないように注意しなければならない。

25日

その弊害をもって、その功績を没することなかれ。

※明治三十六（一九〇三）年十月、渋沢は竜門社で「その弊をもってその功を没することなかれ」と題して講演をした。明治維新の弊害だけをことさら強調する姿勢を批判している。

26日

およそ世の中のことは、一歩進んでは立ち戻り、そしてまた進むというように、波のごとく進み続けるものである。

27日

世の中のことは、ともすれば意外なことが起こるものである。社交上においても、家庭においても、知者や賢者が権力をにぎるのが当然であって、知恵も人徳もない人が尊重される道理はないはずであるが、常にそうだと言えない場合もある。

28日

すべて世の中のことは、もうこれで満足だというときは、衰えているときである。憂いあるときは、必ず喜ぶべき現象が起きているものである。ゆえに進んでも憂い、退いてもまた憂うというように、この憂いのあいだに過失を少なくしようとすることが必要である。

29日

人は孤独なものではない。いかに山の中で暮らしていても、この世の食料を食べているあいだ、その生活は、他人の共同生活に影響を及ぼしているものである。だから、人は生まれてから死ぬまで、社会の一員として、重い責任を負わなければならない。その責任とは、ほかでもない、「働く」ということである。

30日

その人の心が少しも社会や公共のことに関心がなく、頭の中はただ私利私欲だけであっても、その人が働いているならば、他の遊んで生きている人よりは、社会の役に立っている。

31日

自分勝手に自分の都合だけを考えている人間は、かえって自分にとって都合の悪い人間になる。

2月　真の私利は公益である

大蔵省出仕時代の栄一

1日

商業の真の意義は、「自利利他」と言える。個人の利益は国家の富であり、私利は公益である。公益となりえるほどの私利でなければ、真の私利とは言えない。

2日

いかなる人を「士」というべきか。実業家もまた「士」である。この「士」である者が経営する商工業の最終目的は、国家を富ませかつ強くすることである。

※「士」とは孔子が生きた春秋時代において、一般の官僚を意味していた。転じて、官僚にふさわしい振る舞いができ、教養のある人を、「士」と呼ぶようになった。

3日

経済活動は、すべて富を得ることを目的とするものであるが、われも富み、人も富み、そして国家の進歩発達を助けるような富であって、初めて正しい富と言えるものである。

4日

世の中の仕事は、どのような仕事であっても、よくこれに努め、よくこれを広げれば、国家に公益を与えるものである。ゆえに、仕事の何を貴いとし、何を賤しいということはない。いかなる業務であっても、神聖なものと思って行なわなければならない。

5日

何ごとも初めのあいだは具合が悪いものである。当初から順序よくことが運ぶのは、いたって難しいことである。

※渋沢たちが明治六（一八七三）年に創業した第一国立銀行は、一年後に大株主の小野組が破綻して資本金の四〇％を失った。明治八（一八七五）年には金が高騰して次々と紙幣が兌換された。また、大蔵省の金銭を扱うことで信用の後ろ盾としていたが、明治九（一八七六）年にこの権限を取り上げられた。これらは創業当時の「三大厄難」と言われており、こうした困難を乗り越えて、渋沢は銀行を軌道に乗せることに成功したのである。

6日

概して事業を興すにあたって「拙速を尊ぶ」は非常に危険である。遅くても巧みであり、大きな失敗がないことに越したことはない。

※「巧遅は拙速に如《し》かず」という言葉を意識した発言と思われる。これが転じて日本で広まったとされる「兵は拙速（神速）を尊ぶ」という考えに、渋沢は同意しないのである。

7日

およそ新しく始める事業は、一直線かつ無難に進んでいけるものではない。あるいはつまずき、あるいは悩み、いろいろな困難を経て、辛苦をなめて、初めて成功を手にするものである。

8日

すべて世の中のものごとは自分が想像し、意図したようには運ばないものである。しかし努力してやまざれば、ついに信ずるところをなし遂げられるものである。

9日

事業が苦境に陥った場合は、消極的になるより、むしろ積極的な方針を取るほうが、復活のきっかけをつかむことが多いのである。

10日

世の中の事業は、決して一人の力だけでできるものではない。まず必ずこれを導く人がいる。そしてやり遂げる人がいるのであって、初めてここに事業が成立するのである。蘇軾《そしょく》は言っている。「道理をよく分かった者がものごとを始め、能力あるものが継承する。一人で成立することではない」。よく真実を言い当てた言葉である。

※宋の時代の文豪であった蘇軾は、唐の時代の画家で「画聖」と呼ばれた呉道子《ごどうし》など、優れた人物が以前の時代からの継承によって出現したと述べた。蘇軾の言葉は、「知者は物を創《はじ》め、能者は述《の》ぶ。一人にして成るにあらざるなり」であり、渋沢の愛読書の一つであった『唐宋八大家文読本』に掲載されている。

11日

起業の際には、綿密で周到な注意が必要であることは言うまでもない。次の要件などはもっとも大切なことである。

・その事業は、はたして成立するのかどうか、探究すること。
・個人の利益になるとともに、国家社会の利益になるのかどうか、研究すること。
・その起業が、この機会に合っているのかどうか、判断すること。

・事業が成立するとして、その経営に適当な人物がいるのかどうか、考えること。

※「成立するのかどうか」とは、収支が合うかどうかを意味している。「この機会に合っているか」とは、景気の動向について言っている（『青淵百話』より）。

12日

企業家にとって、第一に心すべきことは、数の観念である。綿密に計算して、右から見ても左から見ても、まちがいがないようでなければならない。

13日

事業を始めるにあたっては、協力者の人となりを見抜かなければならない。協力者に道徳や信用のないことほど恐ろしいことはない。迷惑が及ぶ範囲は、一個人だけではなく、結果として事務を進める上において、容易ならない事態を引き起こすことがある。かくのごときは、事業家としてもっとも警戒すべきことである。

14日

個人の仕事でも、会社の事業でも、天運より、人の和が大切である。人の和さえあれば、たとえ逆境に立ったとしても、成功するものである。ここでいう人の和とは、四つの条件を備えていなければならない。第一に志が堅実であること。第二に知識を豊富に持っていること。第三に努力する気持ちが旺盛であること。第四に忍耐力が強固であること。この四つを備えた和であれば、天の時も地の利も気にする必要はないだろう。

15日

新しい企業が、天運によって、いかに勃興し、発展しても、これを維持する人たちが人の和を欠いていれば、永久に持続することはとてもできない。天運は、決して永久のものではない。必ず終息するときが来る。

16日

会社にもまれに悪徳重役があり、多数の株主より委託された資金を、あたかも自分のもののように考え、勝手に運用して私利を得ようとすることがある。その結果、会社の内部は一つの伏魔殿と化し、公私の区別もなく、秘密の行動が多くなっていくことは、まことに痛嘆すべきことである。

17日

政治に王道と覇道の区別があるように、実業界にもまた、王道と覇道の区別がある。

18日

会社員、銀行員といっても、さまざまな種類があり、職階がある。その職務に適応した才能や学問が必要であることは言うまでもないが、それ以上に大切な条件は、精神の修養である。いかに学問があり、才能があっても、人格に欠けるところがあれば、仕事を満足に成し遂げることはできない。

※「銀行」という単語は渋沢が作ったという俗説があるが、これは誤りである。漢字文化圏には古来、貴金属を扱う「金行」「銀行」があり、近代以降に「銀行」の単語のみが定着した。

19日

事務職はどのような性格の人が適しているかといえば、常識が完全に備わった人を挙げるほかない。英雄である必要もなければ、豪傑である必要もない。

20日

何ごとに当たるにしても、全力を注ぎなさい。勤勉に励み努めることは、成功に不可欠である。

21日

忙しい業務に従事する人は、特に活発に立ち動かなければならない。活発とは、自分の任務を愉快に、機敏に処理することである。ただし、その言葉や態度は常に丁寧で親切であることを要する。

22日

一度従事した仕事は、これを完成させるまでは止めないという心がけ、すなわち忍耐力が肝心である。このような辛抱ができて、多年の経験を積んでこそ、初めて成功した人となりえるのである。

23日

すべての事業は、好景気の時には、起業したときの借金の返済であるとか、必要な設備投資であるとか、基礎を強固にすることに気を配るべきである。いたずらに景気に乗じて、配当を増やし、株主の人気を集めることなどは、慎まなければならない。

24日

わが国の商工業は、これまでのあいだ、大いに成長し、大いに発達したといっても、これを樹木でたとえれば、相当な幹となり、枝葉が繁茂したように見えて、いまだ根が十分に堅固ではない。したがってその枝葉もまた、風雨霜雪にくじかれやすいということを考えねばならない。

25日

猛獣は深い山や谷に暮らし、大魚は大河や深い湖に住むように、実業家もまた大いに商工業を起こそうと思うならば、その地域を選ばなければならない。区域が狭く、規模が小さければ、それは知識のある人が住もうと思わない場所である。

26日

会社の経営は、必ずしも一人一業、一人一会社に限る必要もないが、世の中の進歩によって、だいたい分業で行なった方が便利であるし、また人物を登用するうえでも、適材適所で用いることができるわけだから、なるべく重役は兼務のないようにしなければなるまい。

27日

兵法において、兵の引き揚げを巧みに行なう大将を名将とするように、実業界においてもまた、損失の勘定を詳細にして、後始末がよくできるような人でなければ、実業家として最終的な成功を遂げられるものではない。私は実業界の名将たることを望まないが、自分の関係した事業が苦境に陥ったとき、赤の他人のように「三十六計逃げるに如かず」を決め込まず、最後まで踏みとどまって、その事業のためにつくしてきたことは、自分で満足しているところである。

※古来、中国のことわざで「三十六策、走《にぐ》るはこれ上計」という言葉がある。兵法のうち、とにかく逃げる策が最上という意味だが、渋沢は赤字企

業から簡単には逃げるべきではないと考えていたのである。

28日

資本に権力があることを恐れて、外資の導入を拒むのは、あたかも馬車の暴走や船舶の転覆を恐れて、徒歩で行きたがるようなものである。

29日

およそ世の中において、労力が少なくて効果が多いことは、これを続けていくと、欠点が生じやすくなるものである。

3月　人望ほど大切なものはない

洋服姿の栄一（1883年）

1日

ある時勢の変動に乗じて生じた一時的な利益も、これを正しく用いれば、すべてが国家の富となる。

2日

およそ発展途上国を相手にする貿易は、自分たちが利益を得るとともに、相手国の資源を開発し、進歩できるよう誘導することが肝心である。

3日

一時的な利益に迷って、粗製乱造をあえて行ない、また小さな成功に満足して贅沢《ぜいたく》三昧におぼれ、さらには他人の不幸を憐れむ気持ちのない人は、世間にしばしば見られるところである。わが国の実業界にこのような悪徳がはびこっているようでは、決して国家の富の充実を期待できるものではない。ゆえにまず根本的に宗教や道徳を充実させ、それによって堂々と実業界の覚醒をうながさなければならない。

4日

同業者がお互いに助けあい、なるべく規律をもって協同し進歩をはかることは、事業上もっとも注意すべきことである。

5日

競争はしばしば、善意に始まり、悪意に終わる。それぞれが心にもない悪事を行なうようにいたるのも、結局は勝とうと競うためである。しかしもしこの競争が全く廃れてしまったならば、人々はみな冷めてしまったごとく、一人で悟りすました人のように、努め励む心は消滅し、ついに世の中の進歩や開発は、見ることができなくなるであろう。これは決して喜ぶべき現象ではない。

6日

競争は、たとえて言えば、あたかも人体の熱のようなものである。人間を生かすも殺すも熱である。商人を生かすも殺すも競争である。だから商人は常に正常な体温を保つように注意しなければならない。

7日

およそ人の信用は絶対的なものである。少しでも虚偽の言動があれば、すでに人間としての価値を損じ、ひびの入った傷ものと同じである。「嘘《うそ》も方便」ということなどは、断じて許すべきでない大いなる偏見である。一本のマッチ、一つの吸い殻からも大火事が起こることがある。大盗賊は一、二銭の盗みが始まりであり、大きな詐欺もささいな嘘に根差すことを考えれば、小さなことでも見逃すべきではない。ましてや誠実をもって基礎とすべき商業においては、どうであろう。嘘をつくことを財産運用の手立てのように思うことなどは、道理に暗いことはなはだしい者と言わなければならない。

8日

道理に背き、義理に反する約束は、最初からすべきではない。それなのに、「男の面目が立たない」「約束だ」といって、このような約束を強行しようとすることは、信義実行の観念を誤った暴挙である。

9日

権謀術数でもって、だまし取ったような信用は、永続しえないことはもちろん、一度見破られるに及んで、その反動は実に恐るべきものがある。

10日

商業に従事する人々の行為は、ただちに国家の貧富や強弱に影響を及ぼすほどの重要性をもっている。それゆえ商売人は、誠実に社会の需要に応じ、社会の幸福を増進する使命のもとで会社を経営するという、貴い紳士たらんことを自覚しなければならない。

11日

なんの事業を営むにせよ、人望ほど大切なものはない。

12日

人気は他からやって来るものではなく、自分から出てくるものである。人気が出たり、人気がなくなったりする理由は、その源をたどっていけば、必ず内にあって外にあるのではない。自分にあって、他人にあるのではない。

13日

広告も必要で、自己表現も必要であるが、これらは外部的な誘導の手段にすぎないので、内部的な実質を充実させることこそ、人気を博する根源である。心身の力をつくし、着実に勤勉に、その事業を営んでこそ、初めて人気が集まって、その事業が繁盛するのである。いたずらに手段を弄《ろう》して人気を得ようとすることは、「羊頭《ようとう》をかかげて狗肉《くにく》を売る」の類であって、たちまち信用を失う。ゆえに手段と内容が合うように、広告と実際が相伴っていることに心をつくさなければならない。

14日

善人はいつの時代でも必要である。あたかも良い品は、いかなる不景気のときでもよく売れるのと変わらない。

15日

実業家たらんとするものは、その事業の大小と、種類の広い狭いとを問わず、国家や社会に対して、力を合わせていく心をもち、国と共に富み、社会と共に進む心がけを持つことが必要である。

16日

実業に従事する人は、その事業の成功か失敗かを第二に置き、第一に人としての本分をつくすことを目的とし、その一身が、人として恥じないことを、心がけなければならない。

17日

商売人はただ金儲《かねもう》けさえすればよいと思うのは、大きなまちがいである。商売人といえども、国家に貢献できる程度においては、官僚、軍人、そのほかの人々と違いはないのである。

18日

商業に従事する者が、商業の地位を高めようとすると同時に、自分たちの人格と知識を高めようとしないのなら、さらなる国家の繁栄を期し、富強をはかることはできない。

19日

およそ事業をなすには、その守るところを堅くし、その行なうところを手あつくし、忍耐をもって、心がくじけないようにしなくてはならない。

20日

商人たるものは、必ず信念がなければならない。したがってまず思想を練《ね》り上げていく必要がある。思想を練り、修養を積まなければ、近代文明の商人として、その成功を期待することはできない。

21日

実業家であって、その一家の富だけをはかるのは覇道である。公利公益のためにつくすのは王道である。

22日

商業道徳はみずから修められるものであって、決して人から教えを受けられるものではない。

23日

近代文明の商売人であろうとする人は、一紙半銭の取引も苦労とは思わず、もっとも通俗的な事務を取り扱っていても、その志を高尚にし、心を純潔に、剛毅にし、卑屈にならないようにしなければならない。

24日

私は曾子《そうし》の言葉を借りて、次のように言いたい。「商工業者は、弘毅《こうき》でなければならない。任務は重く、道は遠い。商工業の拡張と国家の富強をおのれの任務となす。なんと重い任務だろう。死ぬまで行なってやむことがない。なんと遠い道であろう」と。

※曾子は孔子の弟子であり、親孝行で知られていた。曾子の言葉は、『論語』に「仁の実現、これは重い使命ではないか。死ぬまで歩き続ける。これは遠い道ではないか」と記されている。4月1日を参照。

25日

官僚は純潔であれば、平凡な人でもよい。商工業者は弘毅にして才能がなければならない。さもなければ国家の富強を期待することはできない。

※明治六（一八七三）年に大蔵省を退官する際、渋沢が言ったとされる言葉である。いささか気負いすぎているようにも思えるが、この矜持が日本の近代を開く資となったのであろう。

26日

およそ世の中は政治であれ、軍事であれ、教育であれ、商工業であれ、確実に進んでいくのは何によるのかといえば、みな人によることは論をまたない。

27日

商業界で非常に必要を感じることは、『論語』にある「言は忠信、行は篤敬」という一句である。商人は常にこの心がけがなければならない。昔の商人は、嘘も資本の一部などと、誤った考えを持っていた。これらの卑しい考えが、商売人が見下される原因になったと言わなければならない。

※『論語』の言葉は、「言葉にいつわりがなく、行ないが慎み深い」という

意味。渋沢は『青淵百話』で「言は忠信、行は篤敬」について、「何ぴとといえども、世に処し、人に接する際には、必ずこの心がけを守らねばならないことと思う」と述べており、渋沢家家訓の第二項目でも、この言葉を挙げている。『論語』の言葉の中でも特に重視していたといえる。

28日

船を動かすには、石炭や石油などの燃料がなくてはならない。事業の経営には、知識と道徳がなくてはならない。

29日

商業の信用を高めるには、いかなる手段によるべきか。もしその道徳を進歩させずに、信用を保とうとするならば、それは「木によりて魚を求む」の類である。ゆえに信用を高めるには、まずその思想を高め、行為を誠実にし、志を剛毅にしなければならない。

※「木によりて魚を求む」は『孟子』の言葉であり、「木に登って魚をつかまえようとする」という意味である。渋沢は、道徳的でない人が人の信用を得ようとすることを、絶対にできないことのたとえを用いて説明している。

30日

商業上の信用というものは、どこから起こるかといえば、偽らないことがその根源である。偽らないという根源がなければ、信用など生まれようがない。商業者のいわゆる駆け引きというものは、とりもなおさず嘘である。嘘は資本の一つなどという言い回しもまた嘘である。

31日

商売人は、自分の商業を強固に発達させることに努めるべきであることはもちろんだが、さてその商業を強固に発達させる原因は何であるか。結局はその人の思想が堅実であり、具体的な場面に応じて、適当な働きをすることにある。その働きは何によって得るかといえば、学問の力によらなければならない。

4月　志士たる人の務め

大礼服の栄一

1日

およそ「仁」というものは、人を治める側にも、治められる側にも、上の者にも下の者にも、どのようにもつくすことができ、行なうことができるような広くて重い徳を指すのである。曾子の言葉に「仁をもっておのれが任となす。また重からずや。死してのちやむ、また遠からずや」とあるのは、実に味わうべき句である。

※孔子の弟子だった曾子の言葉として『論語』に記されている。「仁の実現、これは重い使命ではないか。死ぬまで歩き続ける、これは遠い道ではないか」という意味。

2日

道はだれにでも行なうことができるものである。人にはみな、道を行なうに足るだけの力がある。ただその力と道に大小の差があるに過ぎない。賢者の道も、そうでない者の道も、ともに道が道であることについては一つである。

3日

道は実行によって初めて価値を生むものである。神棚や仏壇の中に片づけてしまったら、道もまたすすけて価値がなくなるものである。

4日

道とは、人が人であるための義務や、国民が国民としての責任をはたすために、適切な活動をするという意味である。

5日

道とは道路の意味であり、人間がその一生を生きていくために、ぜひとも歩まなければならないものである。「道は須臾《しゅゆ》も離れるべからず、離れるべきは道に非《あら》ざるなり」と孔子が言った通り、われわれの日常の立ち居振る舞いは、ことごとく道に準ずるべきである。

※引用しているのは、『中庸』の言葉であり、「道からは一瞬たりとも離れることはできない。離れることができるようなものは、そもそも道とは言わない」という意味である。『中庸』には、孔子が言ったとは書かれていないが、渋沢は孔子の言葉だと判断している。

6日

人は至誠を根本とし、いやしくも道理にかない、人としての本分に背かないことであれば、勇ましく邁進《まいしん》し、公益をはかる心意気がなければならない。これが武士道である。アメリカのワシントンが子供のころ、父が大切にしていた桜の木を傷つけてとがめられ、「私が誤って傷つけたことに間違いありません」と答えた。この偽らない、飾らない言葉は立派な武士道である。イギリスのウェリントンが、多額のわいろを贈られようとしたとき、「わいろは人が受けるべきものではない」と言って、ひと言で退けたということも、また武士道にかなっている。フランスのネイ将軍が、ワーテルローの戦いで、ナポレオンの兵が敗れて引き下がったとき、敵軍から「ナポレオンの兵はすでに敗走した。あなたの陣地も防御できまい。退却するがよい」という通告を受け、「私は主将から陣地を守れと命令を受けた。敵に勧められて退くことはない」と答えて名声を博し、のちにフランスに帰ったとき、「名誉を守ること以外はすべて失敗した」と述べた言葉は、今なおフランスでは尊重されており、これも立派な武士道である。

※渋沢は、ナポレオン三世が統治するフランスに一年以上滞在した経験がある。漢文以外の外国語は終生ほとんど読めなかったが、その後も海外の新聞を取り寄せるなどして、外国の情報には常に関心をもっていた。

7日

世の中には何ごとも進化のないものはない。宇宙も進化し、生物も進化し、美人の基準でさえ進化するという。世間の一切万事、みな進化のあとがありありと目に映らないものはない。したがって道徳にもまた進化があるべきである。現に昔の孝行と今の孝行と、形式に異なるところがあるのは、その一例である。

8日

きのうまで同志として助け合っていたものが、きょうは仇《かたき》となり、互いに攻撃するというのは、まさに小人《しょうじん》の極みである。

※大正元（一九一二）年、アメリカの元大統領、セオドア・ルーズベルトは共和党を離党し、一転して攻撃を始めた。これを新聞で知った渋沢が批判した際の発言である。明治三十五（一九〇二）年六月に渋沢は、ホワイトハウスで大統領時代のルーズベルトに面会したことがあり、後に日露戦争の停戦を仲介した功績もあるので、この豹変《ひょうへん》ぶりには渋沢も失望した様子である。

9日

道とは至誠であって、今も昔も、区別があるわけではない。現在、世の進歩にしたがって、欧米各国から新しい道徳の学説が入ってくるけれども、それが新しいというのは、ただその言い回しが巧みであるにすぎないのであって、われわれから見れば、すでに数千年前から、東洋において言い尽くされていたのである。言い換えれば、昔の言葉の焼き直しに過ぎないのである。

10日

天は万物を生み養う。この生み養うということが、天の経済活動である。この生み養う中に、万古不易の条理がある。これが天の道徳である。この道徳がなくては、経済活動を遂げることはできない。

※渋沢は「天」について、「天は人間行為の指導者として崇敬すべきもので、自然界に対しても偉大なる配剤（＝調整）の力を持ったもの」だと述べている（『青淵百話』より）。

11日

天より人を見れば、みな同じく天が生んだものである。ゆえに世界の人々はみな兄弟であるから、人々は互いに親しみ、愛情をもって生活するのは、天に対する務めである。

12日

道徳は国家に対する教えでもあり、個人に対する教えでもある。だから国家と個人、身分の上下に関係なく、みずから実践すべきものである。

13日

道徳的な行為は、経済上の利益になる。経済行為は道徳によらなければ、完成を期しがたい。ゆえに道徳は人の日常生活において、具体的な場面で応用すべきものである。そうでなければ、道徳と経済の真正なる一致はできないのである。

14日

道徳は特殊な場所においてのみ存在し、特殊な時においてのみ行なうべきものではない。世人の中には、教会や寺院に入って説教を聞いたり、神に祈禱《きとう》を捧げたりするときは、非常にまじめな心がけをもつが、家に帰って商業を営む場合になると、あくどい手段でもって、巧みに人をだまし、自分の利益だけを求めるのを商業の道と思い誤るものがいる。これらの人は、道徳が教会や寺院においてのみ存在し、神仏の前においてのみ行なうべきものと考えているのであろうか。

15日

真の成功は、その経営の内容に重きを置かなければならない。正義や人道に基づいて、国家社会を利するとともに、自分もまた富むものでなければ、真の成功者とは言えない。

16日

巨万の富を積んだからといって、必ずしも成功者ではなく、生活が苦しく職を探し回っているからといって、必ずしも失敗者ではない。

17日

会社の経営に利益を求めるのは当然である。しかしその結果ばかりに着目せず、まず自分の本分をつくすことを目的として、従事すべきものである。

18日

自分の労力によって蓄積した財産について、どのようにすれば世のため国のために価値ある消費ができるのかと苦心する人は、君子といってよい。カーネギー氏などは、その一人である。彼は勤勉に努めて蓄積した何億という財産を、どのようにすれば世のため国のために価値ある消費ができるか苦心して考え、数多い世俗の欲から超然とした純潔な心根は、敬服するに余りある。

※アメリカの「鋼鉄王」と呼ばれたアンドリュー・カーネギー（一八三五～一九一九）を渋沢は非常に尊敬していた。直接会う機会はなかったが、カーネギー博物館等とは交流があり、多くの大学や図書館の創設に資金を提供したカーネギーの慈善活動に、渋沢は大きな影響を受けた。

19日

自分の利益を第二に置き、まず国家や社会の公益を考え、道理の命ずるままに働くのが志士たる人の務めである。

20日

世の中の成功話に浮かされて、冒険的に事業を進めようとするものも多いが、その多くが失敗に終わるのは、身のほどを知らないからである。各自が自分の使命を自覚し、国家や社会の公利や公益を念頭に置いて、その才能や力量に応じて、事に当たるのでなければ、事業は成功しがたいものである。

21日

日月の照らすところ、雨露の潤すところ、草木の生い茂るところ、あらゆる動物の生息するところ、人間が利用できないところはないのである。

22日

武士道は決して武士の専有物ではない。およそ文明国における商工業者のよって立つべき道も、またここに存在するのである。

23日

実業は国家の基礎とはいえ、ただ実業だけで独立できるものではない。これに従事する人々の行動が、道徳、仁義の基礎の上に立たなくては、真正の発達を期し、真に正しい国家の利益を図ることはできない。

24日

公利公益を図るのが、道徳である。私利私欲のみを心がけるのが、不道徳である。不道徳な行ないは、多くの場合、貧困の原因となるものである。

25日

いかに仁義道徳が美徳であっても、経済活動を離れては、真の仁義道徳ではない。経済活動もまた仁義道徳に基づかなければ、決して永続するものではない。

26日

自己本位ではなく、多数の人の幸福や一国の繁栄を目的として会社を経営することを王道という。これに反し、他人を虐げて自己の利益をはかることを覇道という。確かに王道も一歩誤れば、人々の努力を妨げるおそれがある。利己主義は、時として知識を磨き、努力を促すこともある。しかし、私利のみを本位として世の中で生きていくならば、孟子のいわゆる「奪わずんば饜《あ》かず」ということになりはせぬか。いかに知識が増え、努力をするようになっても、「奪わずんば饜かず」という国民のみならば、危険の度が高まると言わねばならない。

※『孟子』の冒頭で、梁《りょう》国の恵王は孟子に対し、「あなたは我が国をどのように利するのか」と質問している。孟子は「義を後にして利を先にすると、国中が互いのものを奪わなければ気がすまない（奪わずんば饜かず）という状態になります」と答えた。まず利から考えるのではなく、義（道徳）から考えなければいけないと述べたのである。

27日

いかに隆盛を極める事業であっても、公益を度外視するものは、必ず社会の同情を失い、ついに悲しい結果となることをまぬがれない。また、自分が得ることのできるすべてを犠牲にし、単に社会の公益のために尽力することは、まことに美しいことではあるが、事業としては、できることではない。総じて収支が合わない事業は決して永続するはずもなく、結局廃止されるほかはない。ゆえに事業は自分に利益があり、かつ社会にも利益があるものでなくてはならない。

28日

およそ人として世に処する意味を忘れ、非道徳を行なってもなお私利私欲を満たそうとし、あるいは権力者にこびへつらって、その身の栄達をはかろうとするなどは、まさに人としての本分を忘れた者であって、たとえ出世しても、その地位を長く維持できるものではない。

29日

いやしくも世に処して身を立てようとするならば、その職業が何か、身分が何かを問わず、終始自分の力を本位として活動し、片時も道理に背かないことを心がけて、のちにその栄達の計画を立てることこそ、真に意義があり、価値ある人というべきである。

30日

商業道徳というものは、事業を拡張し、富を増進する栄養物である。

5月　天賦の本性を発揮させるのが教育の目的

渡米中の栄一（1909年）

1日

学問は一種の経験であり、経験はまた一種の学問である。老人も青年もこのあたりのありさまを理解する必要がある。

2日

学問によらない実際の経験には、合理的な根拠がないから、絶対的な真理だと保証することはできない。経験のみを金科玉条として、学問を粗末に扱うのは心がけがよくない。もちろん経験も一種の実体験にもとづく学問であり、尊ぶべきものにはちがいないが、経験はとにかく応用の範囲が狭く、合理的な根拠がないものである。

3日

すべてのことは、思うと同時に行なわなければならない。思う前に、まず学ばなければならない。いわゆる「知行合一《ちこうごういつ》」は、陽明学の骨子であり、孔子も「学んで思わざればすなわち罔《くら》く、思いて学ばざればすなわちあやうし」と言った。古人は決して私をあざむかない。

※『論語』に孔子の主張として「本を読んで考えなければ道理に暗く、考えるだけで本を読まなければ独断に陥って危険である」と記されている。渋沢は、陽明学などで主張される「知行合一」、知識と実践の合一を、この言葉に引きつけて解釈した。古典から重要な思想が学べることを「古人は決して私をあざむかない」と述べるのは、漢文における常套句《じょうとうく》である。

4日

学問はすなわち実務、実務はすなわち学問である。学校で学ぶ学問は、のちに学ぶ実務の下ごしらえである。ゆえに人は死ぬまで学ぶものと考えなくてはならない。学校と社会、学問と実務、などと引き離してしまえば区別がつくようなものの、学校で稽古するだけが学問で、卒業後は学問でないと考えたら、中国の宋代の学者のように、学問を修める人は、ただ理論を研究するだけで、実際を顧みない。また実際の仕事に従事する人は、学問を無視し、学問を修めるとかえって実務の邪魔になると主張するようにならないとも限らない。学問を離れて実務なく、実務のほかに学問があるわけでない。一にして二、二にして一であり、これらを引き離して考えるのは、大きな間違いである。つまり学問は実務を助けるから必要なので、学問と実務とは、終始離れるべきではないものとし、生涯学習しなければならない。

5日
学問は、骨の髄まで十分に研究しつくせば、決して実地に背くものではない。

6日
学問は、農工商業にもっとも重きを置かなければならない。

7日
理論と実際、学問と事業、この両者がよく調和し、密着するときが、人として完全な人格となり、国として富強になるのである。

8日

事業の完全な進歩発展を図るには、なるべく学者であって会社経営の能力がある人か、あるいは実業家であって学問を修めた人を任用するべきである。

9日

教育の目的は、ただその学生の天賦の本性を発揮させることにある。

10日

教師というものは、子弟の精神的な感化を第一に置き、みずから模範を示さなければならない。また子弟というものは、一文字直してくれただけの人であっても、決してその恩義を忘れてはならない。

11日

そもそも教育は原則として、知恵の増進をはかると同時に、その人格の養成に努めるべきである。

12日

本来、教育というものは、その覚えたことを利用して、自分の職業に励むことを基礎とすべきである。

13日

青年の気風が剛健であったり、弱々しかったり、風流であったり、野蛮であったりするのは、その学問の性質と教師の感化による。青年に厭《えん》世《せい》思想を抱かせてしまうことなどは、教育が適切でないことによる。

14日

今日、教師と生徒のあいだに、昔のような師弟間の情愛や恩義がないのは、今日の教育界における大きな欠点である。

15日

江戸時代の教育の良いところは、学生のそれぞれの長所を発揮させて、それぞれの職に就かせたところにあった。

16日

現在の教育は、修学の順序といい、教育の仕方といい、非常に緻密である。しかし、卒業した人を見ると鉢植えの樹木のように、枝ぶりはいいが、とにかく小規模で、ただ小さな利益にのみ走るという弊害が見える。それでは世に大成功をおさめる人になれるものではない。ゆえに今日、緻密な学問で養成される人は、いっそう心を高尚にし、豪快にして、活発な人になろうとしなければならない。

17日

教育を受けるなら、その人の才能、地位、境遇に妥当であることが肝心である。すなわち、分相応でなければならない。それなのに、だれもが、どこまでも高等教育を受けようとするのは、危険である。むしろ現実を考慮して学ぶのが、最良の考えである。もしその教育がおのれの境遇を超えれば、かえってその身を害することになるものである。

18日

漢文学の主眼とするところは、『大学』に「修身、斉家、治国、平天下」とあるように、身を修め、家庭を整えるだけで終わりとせず、さらに進んで国を治め、天下を平和にすることも必要とする。だから、漢文学を学ぶものは、その志望が自然に天下や国家の上にあるようになる。

19日

徳川幕府は、初代が非常に漢文学を重んじて三〇〇年の太平を実現したが、幕末の革命の原因をつくったのもまた漢文学であったとは、どうして予測できたであろうか。

20日

江戸時代、特に世間で尊重されていた武士道は、漢文学から養成された一種の気風や行動を称揚したものであって、農民にもこの武士道はなくてはならないこととなっていた。したがってこの武士道が、世の人の心に良い影響を与えたことは、決して少なくなかった。

21日

新しき時代には、新しき人物を養成して、新しきものごとを処理しなければならない。

22日

人材をつくるのは、品物をつくるのと同じである。私が各学校長に望むことは、その品物の品質を良くすることである。いかに多数の品物を製造しても、粗製乱造では困る。また品物それ自身も、みずから注意しなければならない。

23日

師弟の関係は、あたかも孔子とその門人のように、人情に厚く、お互いに親しむ念が強いようにしたいものである。この域に達するには、教師の学問、人徳、才能がどれも十分であって、人格も優れていなければならない。そして弟子たちは、恩返しの気持ちや、尊敬の念を持たなければならない。

24日

江戸時代において、師弟間の愛情が厚く、感化の力が強かったことは例が少なくない。熊沢蕃山《くまざわばんざん》が中江藤樹《なかえとうじゅ》に師事したことは、その一例である。蕃山は気品のある人であった。いわゆる「威武にも屈するあたわず、富貴にも淫せず」であり、天下の大名にも物おじせず、岡山藩に仕えても師として尊敬されて政治に参与したほど見識の高い人であった。しかし中江藤樹に対しては、三日間切実に願ってかろうじて弟子にしてもらったという。それだけ懇願したのは、やはり藤樹の徳望に感銘を受けていたからであろう。

※『孟子』に「富貴も淫することあたわず、貧賤も移すことあたわず、威武も屈するあたわず」（金銭でも誘惑することができない、貧乏になっても志を変えることがない、威厳や武力でも服従させることができない）という言葉がある。中江藤樹と熊沢蕃山は、共に江戸時代初期の儒学者であり、

陽明学を尊重したことでも知られる。

25日

学問と実際とが合わないのは、つまるところ、学者の学問研究が未熟であるから起こることも多いが、実業家が学問の真理を理解しないことによる場合も少なくない。

26日

学問はあたかも栄養食品に似ている。よく噛《か》んで、よく消化しないと、かえって健康を損ねる結果となるものである。

27日

真に学問を好み、なまけず、いたらないことを恐れる人ならば、その品性や知識はおのずから向上するものである。

28日

常に学問を好んで、修養を怠らなければ、八つ当たりをせず、過ちをふたたびしないような人になることは難しくない。八つ当たりをして、同じ過ちを繰り返す人は、要するに修養にはげまない人である。

29日

学生を養成するには、その知識を増やそうとするよりは、一意専心、志を貫くという強固な精神を持たせたいものである。

30日

実際の効果を求めるような学び方は、机上の論理を講義することに比べると体裁がよくないのは否定できない。しかし学問とは読書ばかりを言うのではない。実際のものごとに当たって仕事を処理するのが学問の本当の意義である。『論語』に「民人あり、社稷《しゃしょく》あり、何ぞ必ずしも書を読みて、しかるのちに学とせん」とあるのは、これを言うのである。

※「国に国民がいて、国土がある。(だから政治に参加しなければならない。)どうして本を読むだけが学問と言えるだろう(政治に参加することも立派な学問である)」。孔子の弟子であった子路が言った言葉。

31日

時勢の行く末を細かく察知して、ものごとの大綱を誤らないようにするのは、学問の力でなければできない。天賦の才能や、努力だけでできるものではない。

6月

逆境に立っても動じず、
順境にいてもおごらず

論語碑の前で（1922年）

1日

立志とは、一生を有意義に過ごせるよう、あらかじめ志を決定することである。

2日

志の立て方は、まず自分の頭脳を冷静にし、自分の長所と短所を詳細に比較、考察し、また自分の境遇で、はたしてその志を遂げられるか否かをも考慮し、そして前途に確かな見込みの立ったところで、方針を定めるのがよい。

3日

社会が秩序的になって、人々がみな沈着冷静になると、発達すべきものごとも、一時的に停滞することがある。これは意気消沈であるから、士気は常に鼓舞して、旺盛にしなければならない。

4日

遅れてきたものは、進んでいるものより、人一倍の元気、いっそうの奮闘を必要とする。

5日

元気とは、道義にもとづいて活動することであって、冒険のように猛進するという意味ではない。イノシシのように突進して、法に触れて罪を犯すことを顧みないなどは、「暴虎馮河《ぼうこひょうが》」の勇であって、取るに足りないものである。

※『論語』に孔子の言葉として「暴虎馮河、死して悔いなき者は、われともにせざるなり」（素手でトラに立ち向かったり、黄河を歩いて渡ろうとしたりして、死んでも悔いがないなどという者とは、私は行動を共にしない）とある。

6日

人として勇気を欠くものは、飢えて生活できないに等しいものである。

7日

勇気は先天的に持っている人もあるが、修養によってこれを養うこともできる。

8日

人は気持ちで維持できるものであり、精神の作用によって、肉体をある程度まで左右することができる。

9日

人生は何かに不足しがちなのが常であって、満足というものは、ありえないことである。不自由を世の常と思えば、別に苦情も生まれないし、くだらない心配も起こるはずがない。かくして、志す仕事に従事すればよい。

10日

現代の青年に対して、もっとも切実に必要を感じるのは、人格の修養である。青年ならば、まじめで率直であり、しかも精神の内に活力が満ちて、外にあふれ、いわゆる「威武も屈するあたわず」というくらいの人格を養成し、将来は、自己の利益を図るとともに、国家の富強に努めなければならない。

11日

将来に希望を抱く青年は、心を引き締めるようにし、いかに逆境に立っても動じず、順境にいてもおごらず、いわゆる「貧にしてへつらわず、富んで礼を好む」という言葉を実地で行くように心がけることが肝心である。

※「貧にしてへつらわず、富んで礼を好む」は『論語』の言葉。「貧乏になっても卑屈にならない、裕福になっても礼儀正しい」という意味。

12日

修養ということはだれでも口にするが、具体的にその方法を明示することは、きわめてむずかしいことである。しかし『論語』に「本《もと》立って道生ず。孝悌《こうてい》なるものは、それ仁をなすの本か」とあるように、孝悌の道を行なえば、次第に仁の心に近づき、世に処する基本もでき、ものごとに接する道も見えてくるものであるから、人格の修養は、この孝悌を目標として進めば、完全の域に達しえるであろう。

※『論語』の言葉は、「根本が成り立って、初めて何ごとも実行できる、まず自分の家族を大切にすることが、人を大切にする基本である」という意味。

13日
世の中には永遠に変わらない道が一つある。それは「仁義忠孝」である。かいつまんで言えば「人道」である。

14日
日々の生活において、するべきこと、するべきでないことを明確にし、自分の地位や境遇に動揺することがないように心がけることが、もっとも穏健で簡単な修養法である。

15日
智、情、意、互いに一緒になって、ここに円満な人格となる。その一つを欠けば不十分な人であることをまぬがれない。この三者が互いに調和して、十分に発達し、中道を失わなければ、たとえ聖人の域に達することができなくても、世の中で生活して過ちが少ない人になることができる。常識に富んだ人とは、これらを言うのである。

※「智、情、意」はドイツ哲学由来の言葉であり、日本では大正時代以降に流行した言い回しである。当時としてはインテリが使うハイカラな言葉だが、渋沢はときどきこうした表現も使っている。

16日

修養とは、勤勉と努力を主として、知識と道徳を完備するという意味である。すなわち知的なことに力を注ぐとともに、精神の発達にも努めなければならない。そして修養は、単に自分一人のためだけではなく、一つの町や都市、大きくは国家の興隆に貢献するものでなければならない。

17日

社会が発達すればするほど、人材の必要性がますます高まるから、普通の人物ならば、決して世に捨てられる心配はない。もし見出されなくても、それぞれその境遇に応じて全力を注ぎ、一歩一歩向上するよう進んでいけば、信用はおのずからその人の周辺に集まり、求めなくてもおのずから立身出世ができるのである。

18日

『論語』は近年大いに流行しているが、ただ無意味に読むだけでは、骨《こっ》董《とう》品いじりと同じことである。仁義道徳にのっとって富を増進し、それを国家の経営に資してこそ、はじめて時勢の真の要求にこたえるものである。

19日

人は生まれたままで満足を得られるものではない。学ぶ、求める、進むという順序で、その能力を発揮し、だんだんと向上し、発展できるのである。

20日

仕事が順調な人は、しばしば調子に乗る弊害がある。人間の世界は万事すべてが意のままにならないものである。かかるありさまがいつまでも続くだろうと、心に油断が生ずるものだから、まわりの誘惑に打ち勝ことができず、ついに過ちを犯すのである。

21日

雇われた人は、いかなる仕事であっても、勤勉かつ忠実に全力をつくし、決して仕事を軽んじてはならない。仕事につまらないことは一つもない。たとえ小さな仕事でも、事業そのものの上から見ればいずれも重要であって、そのうちの一つを欠いても完全に運営されるものではない。ゆえにつまらなく見えることでも、一所懸命に働く人でなければ、重要な仕事はなおのこと、任せることはできない。

22日

善い人に感化されることは、順当で簡単だが、悪人に対抗して人格を築き上げることは、反対なことなので難しい。しかし、こうして形成した人格はもっとも尊い。

23日

才能と人徳は、努めて兼ね備えることを要する。人の才能と道徳は、両立することは難しい。知恵の働きを進めていくと、道徳を損じやすく、道徳のみにこだわると、知能が低くなるのは、よく見られる弊害である。

24日

感情的になりやすいことは人の常であるけれども、軽率に感激してすぐに忘れていては、何の効果もない。修養が肝心である理由はここにある。かつてアメリカ合衆国サンフランシスコのドールマン氏と会談した際、日本人の印象として、こういうことを私に語ったことがある。「日本人はまことに親しみやすく、愛情が深い国民だということができる。特に学生は、いたるところでわれわれを歓迎してくれることなどは、もっとも愛らしく、もっとも愉快に感じた。しかし概して評すると、日本人の性質は、少し軽佻《けいちょう》のきらいがありはしないか。われわれを歓迎してくれるのが軽佻というわけではないが、慎重な態度とは言えない。遠慮なく言うようであるが、日本人一般の性質は、にわかに熱しにわかに冷め、にわかに進みにわかに退くということがあるのではないかと思う」

※アメリカ太平洋沿岸商業会議所代表委員会長で、ネイサン・ドールマン商会社長のF・W・ドールマンは、明治四十一（一九〇八）年十月、多くの委員と共に来日して、渋沢の私邸を訪問したことがあった。日露戦争の勝利によって日本に対する警戒が欧米で強まっていた情勢にあって、渋沢

と共に日米の融和に努めた実業家である。

25日

およそ世の中のことは、思うようにならないことが多い。忍耐を第一としてくじけず、屈せず、絶え間なく進むときは、意志が次第に強固になって、心を乱さない状態に至るものである。

26日

正しいことと間違っていることを明らかにするのは、常識でもって判断を下せるので、迷うことはないが、いかにも道理が通っているように、言葉たくみに勧誘されると、知らず識らず普段の主義に反する方向に進んで、自分の本心がつぶされてしまうことがある。したがって人はいかなる場合でも、その頭脳を冷静にして、自分を忘れないように注意するのが、意志を鍛える要点である。

27日

喜ばしいとか、腹が立つとか、うらめしいとか、楽しいとか、どうかすると極端になりやすい感情を抑えて、正しい道に合うようにするのは、自分に打ち勝つための修養であるが、実際は容易なことではない。したがってこの修養は、常に心の標準となるものを立てておくことを必要とする。キリストの博愛、釈迦の慈悲、孔子の仁義などは、すなわちこの要求にこたえるものである。

28日

多年にわたって苦労して勉強し、学業を終えて世の中に出る青年は、あたかも鳥が巣立ちをするのと同じである。そこで第一に注意すべき処世の要件は、その地位と言動の一致を図ることとである。『論語』に「その位にあらざれば、その政《まつりごと》を謀らず」とか、あるいは「言に訥《とつ》にして行《こう》に敏ならんことを欲す」とあるが、その地位と言動とが、つり合いを失う時は、人を傷つけるのみならず、おのれも損するものである。

※渋沢が『論語』より引いている言葉の意は「ふさわしい地位に就いていないのなら、その政治について議論しない」ということ。続いて「言葉は巧みでなくとも、行動は機敏に行ないたい」ということである。

29日

習慣は人の普段の動作が、重なり重なってできたものであるから、普段の注意が肝心である。悪い習慣を持つ人は排除され、良い習慣を持つ人は尊敬を受けるように、習慣は自然とその人の品格に関係してくるものである。

30日

少年時代の頭脳で記憶したことは、老後にいたっても消えず、明確に残っているものである。だから少年時代の習慣はもっとも大切である。

7月　誠実に努力して運命を待つ

寿像の前で

1日

およそ人としてこの世に生まれてきた以上は、そこに何らかの目的がなくてはならぬ。

2日

人の幸福は、自分の才能や努力によってのみ得られると思うのは、大いなる誤解である。国会や社会による保護が大きく関係し、重きをなすものである。

3日

人の心からわがままを取り去り、自分を公的な見地から見ることができるならば、社会は必ず円満になり、国家は必ず平和になるであろう。

4日

およそ事業を営むには、まず国家や社会の利益を目的とするべきである。国家や社会の利益となる事業で、自分の利益にならないはずはない。

5日

商売について、平和の戦争とか、商戦という言葉を使うことがあるが、これは大まちがいである。商売は、売買する両者が利益を得て喜ぶものである。戦争は一方が勝てば、一方が負ける。勝者は利益を得て、敗者は損害を被り、両方ともに喜ぶわけにはいかない。ただ投機だけは戦争に似て、買って利益を得るものもあれば、売った方は買い手の儲けた分だけ損をすることになり、一方が喜べば一方が悲しむことになる。この意味からいえば、投機は商売とは言えず、商戦と言えよう。以上のことから、一般の商売に戦争という言葉を用いるのは、誤りの至りであり、時に背徳の行為があるのも、こうした誤解のためであろう。

6日

逆境に対処するにあたっては、まず天命と思ってあきらめ、努力と忍耐とをもって、ゆっくりと来るべき運命を待つのが良い。

※渋沢は『青淵百話』において、「天命を知るときにおいて、人は初めて社会的に順序あり、系統ある活動ができるとともに、その仕事も永久的生命のあるものとなる」と言っている。

7日

「譲」の徳はもっとも尊ぶべきものである。人に譲ることは、すなわち自分が他の人から用いてもらう道を開く要因となる。

※渋沢は『論語講義』で「人々互いにあい譲りて争わざれば、世はおのずから治まりて乱るることなし」と主張している。

8日

人は消極的に、悪事をなさないというだけでは、物足りないのである。積極的に多くの良いことをしなければ、人として価値はない。

9日

よく事情に通じていて、勤勉であっても、目的どおりに仕事が運ばない場合がある。これは、その機がいまだ熟せず、その時がいまだ到らないのであるから、ますます勇気を鼓舞して忍耐しなければならない。

10日

「斉《せい》、一変せば、魯《ろ》にいたらん。魯、一変せば、道にいたらん」と孔子は言ったが、いかなる国家でも、いかなる人間でも、進歩向上を怠らなければ、道理にかなう国家ともなり、人間ともなりえるものである。機会というものは不思議なものであり、これに出会えば、一足飛びに斉の国から理想の国家にいたる例もある。日本の明治維新などは、この例である。

※引用しているのは、『論語』の言葉であり、「斉の国が大きく変革されれば魯の国のようになるだろう。魯の国が大きく変革されれば理想の国家に

なるだろう」という意味。孔子は魯の国の出身であり、斉の国はその隣国で当時は大国であったが、道徳的に望ましい国ではないと考えられていた。

11日

人間はいかに学問があり、いかに知識があっても、礼儀を心得ていなければ、満足な成功は期待できないものである。

※『論語』の「ひろく文を学び、これを約するに礼を以てせば、またもってそむかざるべきか」（広く本を読んでいて、礼儀を心得ているようであれば、人は失敗することはないだろう）に基づく発言と考えられる。

12日

自分一人ぐらいは何をしても、多数の人が良いことをしてくれるだろう、と思うのは大きな心得違いである。だれもがそう思う時は、国をあげて混乱に陥ることとなる。

13日

人はその心を自由にしておかなければならない。心を広くしてものごとにこだわらず、仕事に当たって適切な能力を発揮することは、心に余裕がなければできないことである。

14日

古来、勇退を一つの美徳として尊ぶのは、重要な地位ほど、いつまでも保ちにくく、その終わりを全うしようとすれば、勇退のほかはないからである。

15日

人は逆境に立ったり、失意にくれたりしている場合は、一心に向上を図って、常に反省する気持ちが強いから心配ないが、得意の絶頂にある時のほうが極めて危険である。

16日

昔から偉い人はみな、よく人を引き立てている。そうでなければ、というてい自分も偉くなれるものではない。

17日

人は何ごとも楽しんで努力するのがよい。これが一番の健康法である。

18日

およそ事業の発展や成功の根本は、資本にあらずして人にあり、と言わなければならない。だから事業を興すには、まず人を得ることである。幸いに人を得て、仁愛でもって団結して仕事に当たることができれば、円滑に発展していくことは必然である。

19日

活動とか奮闘とかというと、いかにも勇ましく聞こえるが、世の中の仕事は、力こぶばかりでできるものではない。忍耐や持久の力を養って、着々と進めなければならない。

20日

子供は不思議と同情する心が強いもので、同情することの多い人でなければ決してなつかない。子供に慕われるような人は、同情する心がある人と言ってよい。

21日

才能が優れていて、機敏に立ち回るものは、どうかすると人の踏むべき道を踏みはずして、正しくない道に走ってしまいやすい。

22日

紳士、すなわち英語のジェントルマンとは、理想的な人を意味するのであって、『論語』でいう「君子」とは、すなわちこれである。

23日

人のもって生まれた性質は、「スズメ、百まで踊り忘れず」というように、容易に変わるものではない。たとえ一時的に悪い感化を受けて悪人になったとしても、必ず元の善人に戻るものである。

24日

すべて世の中のことは、三回考えてもなお足りず、十回百回と考えることが必要な場合もあれば、また二回考える必要すらなく、ただちに実行しなければならない場合もある。要するにぐずぐずしない程度において、深く考え、熟慮すべきである。

25日

人が生活するためには、もちろん知識を得ていかなければならないが、またよく時代のなりゆきを知る必要がある。知識があって時代のなりゆきに通じ、自分のすることを選んで、誠心誠意これに努力するならば、必ず満足な成功を得られるものである。

26日

困難な時には、かえって事業の基礎が強固になり、得意の時には、多くの腐敗の原因が生じるものである。

27日

自分は現状を維持しているといっても、他人もまた同じならよいが、進んでやまないのが世の常であるから、結局、現状維持は、とりもなおさず、自分が退歩しているのと同じことになる。

28日

世の中のものごとは、すべて古いものと新しいものの調和をはかっていかなければならない。人生は、仏教によると、過去、現在、未来からなっている。老人は過去を説き、青年は未来の理想を夢見て、中年の人は現在のことに心を砕いている。だから新旧が調和し、過去、現在、未来が互いに一緒になって、それぞれが本当の能力を発揮できるようにしたいものである。新旧のものごとの調和について、青年も気をつけなければならないが、まず老人が特に注意しなければならない。老人の経験を青年に尊重させるのはもちろんのことであるが、一方で世の中は高速で進歩していて、新しい知識によらなければ、処理できないこともあるから、老人だけがうぬぼれず、両者がお互いに歩み寄って助けあうようにしなければならない。かくあってこそ、世の中は順当なる進歩をとげるのである。

29日

人は常に権利と義務との境目を明確にして、踏み外さないようにしなければならない。権利があれば、その隣には必ず義務がある。権利と義務とは、常に互いに関連して並行するものであるから、権利が増すほど義務もまた多くなるものである。しかし、喜んで権利を自分のものとしながら、これに伴う義務を顧みない者がある。権利を行使しておきながら、義務を担う場合になって、これをまぬがれようとすることは不道徳の至りである。われわれは権利を得ることを目的とするよりは、むしろ義務を履行する国民とならねばならない。個人の権利・義務ですらこの通りだから、国家の権利・義務においては言うまでもない。

30日

人は自分の仕事に関して、理想の仕事でないために、しばしば不満を感じて、不幸だと思うことがある。しかしおおむね仕事というものは、あたかも磁石が鉄を引き寄せるように、その人の知識と努力、すなわち自分の力で引き寄せるべきものである。

31日

人は誠実に努力して、その後に運命を待つのがよい。もし失敗したら、自分の知識や能力が足りなかったものとあきらめ、さらに力をつくさなければならない。かくのごとく、あくまで努力するのであれば、必ず幸運に出くわす時が来る。

8月　愛の心が根本

揮毫に集中する栄一（1929年）

1日

一時の成功とか失敗とかいうことは、長い人生には、泡のようなものであって、たいして気にすべきことではない。

2日

ものごとの成功や失敗など気にせず、超然として、道理にのっとった態度に終始するならば、価値のある一生を送る人ということができる。

3日

「窮すればすなわち通ず」という格言がある。人はいかに窮地に立っても、誠意と努力に欠けるところがなければ、必ず開運の道があるものである。

※『易経』の言葉であり、「行きづまったら、かえって切り開ける道が見つかるもの」という意味。

4日

人は軽薄で才能ある人となるなかれ。また無責任な評論家となるなかれ。

5日

ささいだと思っていたことが、後日、大問題となって、ついに大失敗になることはしばしば起こることであるから、小さいことでも早まった判断は戒めるべきである。

6日

ともすれば人は一部分に欠点があれば、全体を良からぬものと考える弊害がある。もしそのような考えをもって、国家の一大事を扱われたら、国家の将来は心配でたまらない。

7日

ただ悪いことをしないというだけでは、世の中に何の効果もない。だから人は善いことを多く行なわなければならない。新しい知識を得ていかないと、善いことを行なうことも減って、ただ悪いことをしないという消極的な人間になってしまう。

8日

常に愚痴と苦情を言って世の中を渡っている人がいる。はなはだしい場合は、苦情を言うのを楽しみとして、苦情を言わなければ気がすまないという人もいる。しかしこの不平や苦情は、その人の信用を損ねる原因となることに気づかないとは、気の毒なものである。

9日

事業をおこすのに、必ず自分に大きな資産がなければならないとは言えない。相当な信用、知識、体験などがあれば、人々の資本を運用して事業はいくらでもできる。だから人はまず国家や社会の利益を考えて、仕事に励むべきである。国家や社会の利益は、自分にもまた自然にめぐって来るものである。

10日

金銭は生活上、極めて価値があり、もっとも尊ぶべきものである。だから一円という少額であっても、みだりに取り扱ってはならない。私は道理に合わなければ、決して金銭を受け取らず、また決して浪費するようなことをしない。

11日

私のこれまでを顧みれば、後悔することが非常に多い。しかしその後悔が自分を奮起させる動機となったこともまた、少なくない。

12日

つきあいが親密になるほど、お互いに敬意を払うようにすることは、もっとも大切なことである。

13日

日常の言葉を忠実なものにして、万が一にも嘘を言わず、その行ないを篤実なものにすることは、容易にできることで、しかもそれが善いことである。

14日

友人として、会うたびに忠告をしてくれるくらいの人でなければ、頼ることはできない。忠告はだれでも嫌なものだから、信頼している友人でなければ、強いて忠告してくれるものではない。真に自分のためを思ってくれる人であるから、言うのである。そのような人を選んで交際すれば、必ず間違いが少なくなる。

15日

人に対して尊敬の念を欠いてはならない。かといって、ただ形式だけの礼儀は、しばしば相手の感情を害し、かえって礼儀を欠くよりもひどいものである。だから誠実な心をもって、いささかなりとも敬意を失わなければ、応対の仕方は粗野で礼譲の身についていないところがあっても、悪い感じを抱かれる恐れはないものである。

16日

初対面のときや、儀式のときなどは、人はそれぞれ心がけをもって臨むから、その態度は丁寧で、敬意を失うようなことはない。しかし、仲良くなってくると、だれでも心が緩むから、細かなことでまちがいが起こりやすい。だから宴会や遊びのときなどは、特に注意すべきである。

17日

人づきあいの要点は、事に当たって誠実に考え、人に対して少しも誠意を失わず、いかなる立場の人に対しても、ひと言ひと言、すべて自分のまごころを打ち明けることにある。世の中に誠意ほど大きな力のあるものはない。

18日

信じるべき人と、信じるべきではない人を区別する基準は、志、言、行の三拍子そろった人であるかどうかを観察することにある。

19日

自分の心を枉《ま》げてでも友人に従う必要はない。これは従ってもらう方にとっても迷惑である。

20日

人の心は、それぞれ顔が異なるように違うのであるから、自分は自分のやり方によって、その行くべき道を歩み、他人は他人の好みによって進んで行って差し支えないのである。しかし、そのやり方の異なった各種の人が集まって、一致協力し、助けあい、共に進んで行くところに、世の中の進歩や発展がある。

21日

人々がお互いを仲間だと思う理由は、元来、人はその本性として、愛の心を持っているからである。この愛の心が根本となって、百のよいことが行なわれる。

22日

人は人を助ける心をもつ必要があり、また人の助けを求めない心も必要である。この二つは、決して矛盾するものではない。つまり人はいかに自活すべきであっても、人の力にはおのずから限りがあるから、時に困窮することもある。慈善の必要はここにある。それは必ずしも物質上の援助に限らない。同胞相愛の心をもって慰め、助けるのが慈善であり、自主独立の心と矛盾するものではない。

23日

「独立自尊」の意味を誤解してはいけない。いかなる言葉も、よい意味に理解すべきである。世の中には、どうかすると、この言葉を誤解して、しばしばわがままで勝手なことをあえてして、「独立自尊」の主義を実行したかのように言い放つ人もいる。このようなことは、意味をはき違えた、いやしい乱暴者のすることである。

※「独立自尊」は福沢諭吉が提唱した言葉である。両者には一定の交流があったが、渋沢は福沢の死後、「今さらながら、もう少し先生に親しみ近づい

ておけばよかった」と述べた。

24日
真の智者には、動中おのずから静があり、真の仁者には、静中おのずから動がある。

25日
「大声《たいせい》は俚耳《りじ》に入《い》らず」という言葉がある。難しいことが分からない人には、その理論を聞かせるよりは、「このようにしなさい」と言って、実行させせるほうが近道である。
※『荘子』の言葉であり、「優れた言葉は、俗人には理解されない」という意味。

26日

およそ人の理想をいえば、奥深くて機敏、機敏にして奥深い、よく「静」と「動」を兼ね備え、水も山も、ともに楽しむものとならなければならない。

※『論語』の「知者は水を楽しみ、仁者は山を楽しむ。知者は動き、仁者は静かなり」を踏まえた表現であると考えられる。知者であると同時に仁者でもあるのが理想だと渋沢は考えたようである。

27日

およそ人情として、意気投合するものがお互いに親しくなることは、当然の道理である。また事業をしようとするには、必ず多数の人の力が必要である。だからお互いに親しいものが集まって、仕事をする必要から、自然と派閥などというものができるのである。派閥は必ずしも悪いものではない。ただ、良い派閥を残し、悪い派閥を取り除くべきである。

28日

江戸時代に、松平定信が朱子学を官学の方針としたのは、特別な理由があったのであろうが、その結果、多くの秀才や博学の者たちを政府が逸してしまったのは、政治家の教訓とすべきことである。

29日

人情と法律は、時としてお互いに一致しないことがあるから、よくその区別を考慮して対処しなければならない。大いに同情しなければならない浅野内匠頭《あさのたくみのかみ》に対して、いささかも酌量せず、法律を厳密に適用した結果、大石内蔵助《おおいしくらのすけ》たちは、決死の復讐をしたのである。もし幕府の官僚が、法律の厳密さとともに、人情の美点にも着眼したうえで、この事件を処理したのであれば、あるいは彼らの非常手段を防げたかもしれない。とかく人情を無視し、いたずらに法律を適用しようとすれば、しばしば過激な挙動を起こさせることになる。

30日

献身的な犠牲の精神をもって、浅野内匠頭の仇を討とうと考えた赤穂《あこう》浪士の快挙は、その出発点において、すでに壮絶と言うべきである。またその最期において一同が未練なく、笑って死んでいったことは、まさに絶賛するにあまりある。

31日

善いことをしたと言って自慢したり、苦労を人に押しつけたりするような人は、道徳心の足りない人である。この道徳心の根底となるものは、何かといえば同情する心である。同情する心がなければ、人の善意は決して発達しないものである。

※『論語』に「善をほこることなく、労を施すことなからん」（よいことをしたからといって自慢しない、苦労を人に押しつけない）という言葉がある。孔子の弟子であった顔回が言った言葉である。顔回は「一を聞いて十を知る」と言われた英才であったが、若くして亡くなった。

9月　人は働くために食うもの

日本女子大学校の校長就任挨拶（1931年）

1日

慈善の意味とは、その根本は愛の心に他ならない。しかしその活動が、時期をあやまり、節度がないようなら、かえって人を傷つけることがある。だからこれを効果があるようにするには、理性と知性の力によらなければならない。

2日

社会の組織上、女性はその半分の責任を負っているものであるから、男性と同様に重んじられるべきである。

3日

誘惑はたえず感情に付け込んでくるものであるから、常にかたく心を引き締めておかなければならない。心が浮ついていると、誘惑のつけ入るすきが多いから、見るもの聞くもの、すべて誘惑の種とならないものはなく、その危険性は、言い表しようがないものである。

4日

中心を失えば物は必ず傾いて倒れる。家族が堅固に保たれるのは、中心があるからである。その中心とは忠孝、敬愛の心を言うのである。

5日

昔から人は食うために働くか、働くために食うかという問題がある。人である以上、だれが食うために働く者があろう。働くために食うということにおいて、初めて人の人たる真価を認められるのである。

6日

衣食住の費用は、人々それぞれ異なり、一定の標準は定めにくい。派手に見えても贅沢にならず、節約に見えてもケチにならず、収入と支出のつり合いを失わず、「入るを量りて出ずるを為す」にある。要するに、その人の収入にふさわしい額にするのがよいのである。

※引用しているのは、『礼記《らいき》』の言葉であり、「収入を計算してから出費をする」という意味である。

7日

およそ仕事に当たったり、ものごとに接したりするには、すべて満身の気力でもってすることを心がけなければならない。世間において、しばしば損害が生ずるのは、満身の気力が注がれないところから起こるのである。仕事には大小があり、満身の気力を注がなくてもよさそうに見えるものがある。しかし大なり小なり、気力を注がないで成功した例はない。人に接するにしても同じである。十分に気力を注いで話したことは、相手の感じ方が非常に強い。冗談でも遊びでも同様であり、その時その時、満身の気力を注いでやるということは、人がこの世で生きていくうえで、忘れるべきではない。その場限りの考えを持たず、おざなりにしないよう心せねばならない。

8日

楽観主義と悲観主義は、ともにものごとの半面であり、表と裏、いずれか一方だけを見たことによるもので、決して中庸を得たものではない。

9日

進歩よりもさらに尊ぶべきことが一つある。すなわち「自由」がそれである。これを事業の上から見ると、その実務は軍事上の任務のように、いちいち上官からの命令を待つようでは、ややもすると好機を逃しやすく、また発達もおぼつかない。

10日

今の実業界の人々は、どうかすると目の前の利益にのみ流される弊害がある。歴史を学んで、現在を知るというように、高尚な思想をもてば、自然に人は打算的ではなくなる。「温故知新」は、学者や政治家のなすべきことで、われわれは知らなくともよい、などという態度は、これこそわが実業界の範囲を狭め、われらの地位を低くする原因となる悪い習慣である。

※『論語』に「故《ふる》きをたずねて新しきを知る」（昔のことを研究し、新しいことも学ぶ）という言葉がある。

11日

自分の心に安心立命《あんじんりつめい》を得て、どんな場合でも名誉を気にせず、ふるまいが仁義道徳にのっとり、国家や社会を豊かにし、そのあいだにも哲学を論じ、文学を味わい、歴史を論ずるだけの知識をもち、さらに経済の事情に十分に通じているものでなければ、真の実業家とは言えない。

12日

名誉と責任は、ちょうど編み上げた縄のようなものである。名誉を名誉とさせるものは、責任を重んじることにある。

13日

私は自分の身辺の変化が、カイコのようでありたいと思っている。たいていカイコは四回の脱皮をへて、巣箱を移してマユとなるのである。ヒョウのように死後、立派な毛皮を残すものは、その生存中は、あるいは乱暴この上ないほどの害をなすこともある。それなのにカイコはただ死後に人の利益となる糸を残すのみである。

※渋沢の生家は養蚕《ようさん》を営んでいたので、渋沢にとってカイコは身近な存在であった。

14日

一生を夢うつつのあいだにすごす者でない限り、人には必ず希望がある。また希望は、なくてはならないものである。この希望が組織立って、遠大となったものが、理想である。

15日

信用は、ノレンや外観の設備だけで獲得できるものではなく、確固とした信念から生ずるものである。信念と信用とは、必ずしも常に一致するものではないが、信念のない者は、とうてい信用を得ることはできない。

16日

ものごとに接したり対処したりするには、確固とした不動の信念がなくてはならない。信念の基礎は、強い信仰の力で築き上げなければならない。これこそ真に商業道徳を理解し、またこれを実現するための根本である。

17日

経済活動をするその一面には、社会に恩義があることを常に思って、つかの間であっても社会につくす義務を忘れてはならない。

18日

逆境に陥ったのなら、断固として行動せよ。決して疑ったり迷ったりしてはならない。誠心誠意、仕事をし、そして天命を待てば、その人の運は必ず開けてくるものである。

19日

下問《かもん》を恥じないことは、だれしもなかなかできないところである。下問を恥じない人であって、はじめてその名を後世に残すような大人物となりえるのである。

※『論語』に「下問を恥じず」（自分より身分が下の人に質問することを恥じない）という言葉がある。

20日

金を儲けるというわけでもなく、道徳的なことをするというわけでもなく、何ごとにも情熱がない人がいる。これを国家社会の上から見れば、夢うつつの人間というほかなく、この種の人が多くなれば、必ず国は滅ぶ。

21日

適材が適所を得て、よくその力を発揮するには、健康な身体が必要である。だから人は青少年時代に、大いに身体を鍛えて、基礎を固めておかなければならない。

22日

人はいかに貧乏をしたとしても、心の持ち方ひとつで、どうにでもなるものである。孔子の弟子の顔回のように、「一簞《いったん》の食《し》、一瓢《いっぴょう》の飲《いん》」という生活に甘んじることとは、一見すると苦しいようでも、そこにまた一種の誇りを感じられることがあって、不自由な中にも、自然に楽しみを得られるものである。

※『論語』に「一箪の食、一瓢の飲、陋巷《ろうこう》にあり。人はその憂いに堪えず、回やその楽しみを改めず」（一杯の飯、一杯の水だけを口にしてあばら家に住んでいる。普通の人なら堪えられないが、顔回はその生活を楽しんでいる）と紹介されている。

23日

何ごともその最初を慎重にするのがよい。原因さえよかったならば、結果は必ずよくなるものである。

※『礼記』に「始めを慎み、終わりを敬《つつし》む」（最初から慎重に行ない、最後まで敬意を払う）という言葉がある。この言葉を踏まえた主張だと考えら

れる。

24日
知性を磨き、徳を修めよ。努力して怠らなければ、それは人生における真の幸福を得る道である。

25日
先輩は後輩の欠点や、失敗に対し、これを責めるよりは、かばう親切心がなくてはならない。しかし後輩の依存する心を増長させて、自分から発奮する心を阻害することもあると知らなければならない。

26日

ゴボウはゴボウ、ニンジンはニンジンで、大根にもカブにもならないが、人間はそうではない。「王侯将相《おうこうしょうしょう》、もと種《しゅ》あるにあらず」。常に向上と発展を目指し、急がずあせらず、少しずつ進むことを心がけなければならない。ただ自分の身のほどを忘れて、やたらと段階を飛び越えようとすると、あるいは失望し、あるいはつまずくこともあることを忘れてはならない。

※『史記』「陳渉世家」に「王様も大名も、将軍も大臣も、決まった家柄から出せばいいわけではない」という言葉がある。古代中国の陳勝《ちんしょう》（陳渉）という農民の言葉であり、彼は秦《しん》国打倒のために最初に立ち上がった平民であった。農民出身で若きころ、倒幕のために立ち上がった渋沢は、陳勝と自分を重ねるところがあったようである。

27日

人はとかく身勝手になりやすいもので、自分の過失だと分かっていても、これを改めることをせず、ごまかして人の目をあざむき、はなはだしい場合、まちがいを押し通そうとする者がいることなどは、凡俗に見られる弊害である。

28日

およそ人がこの世の中で生活するには、すべてのことにつりあいを保って、限度を超えたり過激になったりしないよう心がけなければならない。志は非常に高尚で、遠大であっても、いっこうに成果が出ない人は、その志と腕前がつりあっていないのである。つりあっていない結果、人から遠ざけられ、嫌われることになる。人から遠ざけられ、嫌われたことを怒るあまり、ついに世の中に不平を言うだけのものとなって、人生が最後まで思うようにならないものである。

29日

一人や一家のために怒ることは小さい怒りであって、一国のために怒ることは大いなる怒りである。大いなる怒りは、国家や社会の進歩、発展を促すものである。

30日

古代の聖人や賢人が残した書籍、つまり孔子、孟子、あるいは釈迦、キリストなどの深遠絶大なる教訓は、万人の至宝である。

10月　天命を楽しんで仕事をする

「興譲館」は1853年、備中に開かれた郷校
栄一書

1日

どのような宗教であっても、人間の根本について説くところは、「愛」であり、「善」である。博愛勧善のほかに、われわれを導く真理はないのである。

2日

同じ経験をしても、教育を受けない者の経験と、教育を受けた者の経験では、その例証には、大きな相違が生まれるものである。

3日

偶像を崇拝したり、または擬人化された神を信仰したりすることは、私にはできないが、儒教でいう「天」だけは固くこれを信じている。この「天」とは、もとより影も形もないものの仮の名であるが、この「天」を思うとき、私の心は常に善になっている。

4日

習慣とは実に恐ろしいもので、一家のささいな家事でさえ、少し慣れたことは昔からのしきたりだから、にわかに変えてはならないと言って、人は容易に改めない。まして国家の政治においてはなおさらである。

5日

人は一度思い立ったことでも、しばらくたつと、その心が変わりやすい。つまり慣れてしまうのである。習慣というものは、善くもなり、悪くもなるから、特に注意しなければならない。

※これに続けて渋沢は「孟母三遷《もうぼさんせん》」についてふれている。孟子の母が、幼い孟子の教育環境を考えて何度も引っ越しした故事であり、『列女伝』に掲載されている。

6日

英雄や豪傑も非凡ではあるが、愚人もまた非凡である。しかし英雄の中にも非常識な人がいる。凡人にも常識を備えた者がいる。私は世の人が挙げて英雄や豪傑になろうとするよりは、むしろ常識を備えた凡人の多いことを望むのである。

7日

葉を多く摘もうと思えば、その枝を茂らせなければならない。その枝を茂らせようと思えば、その根を養い育てなければならない。

8日

富む者が出てくる反面には、必ず貧窮する者が出てくるのが常である。表面的には富む者が貧窮する者を生むわけではないが、裏面においては明らかにしかるべき事情がある。

9日

楽しいことは、憂いを忘れさせるものである。だから楽しんで仕事を行えば、苦境もまた転じて、楽しい境遇となるものである。ある老人が、「自分は相当の財産もあり、働かなければ食えないという身ではないが、努力ということは自分にとって第一の楽しみである。だから朝に晩にその楽しみを尽くしている。結果として、楽しみのカスが溜《た》まって田畑となり、金銭となる。田畑や金銭は、自分にとって楽しみのカスである。努力を自分の楽しみとして、自然に生じたカスだから、自分の死後にどれだけ残るか少しも心配していない」と言ったという。これは至言であり、哲理である。総じて物事はこのように考えれば、身を終えるまで心安く努力することができる。

※「ある老人」とは、渋沢の故郷にいた農夫であり、渋沢は父から教わった話として述べている。幕末の情勢について父と意見が合わずに実家を飛び出した渋沢だが、父の話にもとづく「カネは働きのカス」という考えは、彼の仕事観・金銭観の基本となった。

10日

人の欲望には「貪《とん》」「瞋《じん》」「痴《ち》」「邪」「悪」など、他人を害し、自分をも害するものと、「公」「正」「平和」など、自己に利益になり、他人にも利益になるものとがある。人はよくこれらの区別を明らかにし、その判断を誤らないように心がけなければならない。

※貪・瞋・痴は、それぞれ貪欲、憎しみ、愚かさであり、仏教では「三毒」と呼んで重視されている。渋沢は仏教について、若いころは批判的であり、唐代の韓愈《かんゆ》が述べた仏教批判は好んで読んだと言っている（『青淵百話』より）。しかし年を重ねることで、次第に仏教の良い面を認めだしたようである。

11日

安らぎを得る方法はいくらでもある。古美術品を楽しむもよし。茶をたて花を生け、あるいは歌、俳句や、詩を作ること、また木や石を集めて庭園をつくって楽しむなど、どれもよいであろう。しかしもっとも容易で、もっとも有益な趣味としては読書を第一としたい。一つには身心の安らぎを得るし、一つには自分を進歩向上させる助けとなる。一挙両得というべき趣味は、読書である。

12日

どんなことでも、心を一つにして行なうことは、もっとも肝心なことで、心が散漫になることは、失敗のもとである。だからよく働き、よく遊ぶことを心がけ、娯楽の場合でも、一所懸命になるのがよい。遊ぶときに一所懸命になるのは、やがて仕事のときに精神を集中させるもととなる。

13日

故郷というものは、人の心に対して、不思議な魅力をもっているものである。古くから英雄であっても故郷を思って嘆き悲しみ、偉大な作家が故郷を思ってつくった詩の中に、名作や傑作が多いのも、まことに理由のあることである。

※渋沢の故郷は埼玉県北部の深谷市である。渋沢は、若き日に故郷を出てから人生の大半を東京で過ごした。久しぶりに故郷に帰った際に「目にふるゝものにむかしのしのはれて　ゆくてたゆとふ　ふるさとのみち」という和歌を残している（『青淵詩歌集』より）。

14日

知恵はとにかく悪いことにも用いられやすく、どうかすると、邪智、奸智《かんち》、猾智《かつち》となるおそれがある。だからこの知恵に加えて、忠恕もしくは尊敬の美徳をもって修養を積めば、道徳の本質をとらえることができて、過ちがなくなるであろう。

※邪智は道徳に反した知恵、奸智は法を犯すような知恵、猾智は国を動乱に導く知恵。また「忠恕」について渋沢は『実験論語処世談』では、「至誠と博愛とが練れていって、ほどよく行われることを忠恕という」と説明している。

15日

古い道徳が衰えて、新しい道徳がいまだ生まれず、信仰は廃《すた》れ、良い習慣は消滅して、ただ物質主義だけが盛んになれば、この世の中は、いよいよ功利に傾き、宗教的な観念は人の頭脳から取り除かれ、それでいて昔の迷信だけが存在して、近代的な学問も、時代に適応できないようになりはしないか。これは世の心あるものが大いに注意しなければならないところである。

16日

精神修養の根本は、神をうやまうことである。信仰心はやがて道徳と一致するものである。

17日

神をうやまう心に加えて知識、努力、忍耐などの徳目が備わって、初めて真の文明的な国民ということができる。

18日

多くの人々が信仰を保っているのは、宗教の力である。信仰心の篤《あつ》い人は、「仰いで天にはじず、俯《ふ》して人にはじざる」を、自分の行動の基礎としている。しかし極端な人は、どうかすると迷信におちいり、奇跡を主張し、あるいはいかがわしい神を祀《まつ》るようになるから、注意すべきである。

※引用しているのは『孟子』の言葉であり、「天に対しても恥じるところがない、人に対しても恥じることがない」という意味である。

19日

神道は天皇の祖先をたてまつる教えであり、広く一般の国民に知られている。仏教は多く抽象的なもので、寺院に参拝し、祈願をすれば幸福になるとか、念仏を唱えれば苦難をまぬがれるというように、いたって単純な教えだが、思いのほか広く信仰された。儒教は孔子の教えであり、江戸時代では、もっぱら武士のあいだで学ばれていて、孝悌《こうてい》忠信、仁義道徳は、武士の指針であった。これを要約すれば、国民の心を指導し、維持してきたのは、孔子の教えと神道、仏教の教えであった。

20日

仏教や神道の教えについて、事実を例にあげながら、われわれ国民を教え導いてきたものは、芝居や講談などであった。これらの作品のなかでは、必ず正義が勝つように、神や仏が不思議な力を示して、悪人は滅ぼされ、善人が栄えることが具体的に表されている。教育を受ける機会がなかった人々に、これが少なからず影響を与えてきた。

21日

宗教が人生になくてはならないものであることは、もちろん言うまでもないが、今日、神道、儒教、仏教が衰えて、世も末のように見えても、このうちまたどれかが盛んになって、世の人の心を支えていくであろう。

22日

人々があまりに宗教心がないことは憂うべきであるが、また迷信に陥ることも憂うべきである。科学の進歩が著しく、物質的な方向に偏りやすい現代において、宗教への関心を保つことは、ゆるがせにすべきでない。冷水をかぶったり、断食をしたりすることは、それほど害はないが、迷信から起こる弊害には堪えられない。そうかといって、宗教はどうでもよい、信仰心など必要ないということになれば、宗教心は皆無となって、いわゆる唯物論になってしまう。これではとうてい安心はできない。

23日

空気から水をつくることができたりして、どんなに科学が進んでも、かの「天」を精密に形に現すことはできまい。「天の未だこの文をほろぼさざる。匡人《きょうびと》それ、われをいかんせん」と孔子が言ったのは、すなわち宗教的な心であり、人にはこの観念がなくてはならない。

※匡《きょう》という都市で、孔子が人違いによって包囲されたことがあった。『論語』によれば、孔子は次のように言ったという。「天は儒教の教えを亡ぼし

ていない。だから国の人も私を亡ぼすことはない」。やがて誤解は解け、孔子は助かった。『史記』「孔子世家」でも詳しく描かれているエピソードである。

24日

自分が尊敬し、深く信じる偉大な人物の言葉だからといって、そのよしあしを考えず、一から十まで信じてありがたがるのは、これもまた迷信である。

25日

人はこの世に生まれたとき、天から使命を与えられている。だからひとり自分のためだけではなく、国家や社会のためになることをする義務がある。才能があるものはあるだけ、少ないものは少ないなりに、分に応じた力をつくすことが、この世における義務であり、天命に従う方法である。

26日

わが家を大切に思うのなら、これを保護し、安全を保障する国家は、なおさら大切と考えなければならない。だから自分の労力の一部分を割いて、国家や公共のためにつくすのは、人として当然の義務である。

27日

事に当たっては、深思熟慮をもってし、かりにも軽率であってはならない。一度こうだと決断したならば、勇気をもって邁進《まいしん》すべきである。

たとえ失敗することがあっても、天命だとあきらめるべきである。

28日

私は天から使命を受けている、という確固たる信念を抱いているならば、どんな災難にあったとしても、決して苦痛だと思うことはない。

29日

「天」については、昔から中国でさまざまな解説があり、また中国人がもっとも崇拝するところであるが、あえて定まった形があるわけではない。「天」は、ただ一つの精神的な存在であり、この上なく偉大で公平、キリスト教でいう創造主に当たるものである。「天道」もまた同様に考えてよい。

30日

人が世の中で生きていくのに、何者かは分からないが、自然に自分を助けてくれる霊妙な力があるように感じられる。このように感じるものが天命である。

31日

天命とは、人生に対する絶対的な力である。この力に逆らって仕事をすることができないという事実は、これまでの歴史が証明している。人々がみなこの天命を知ることによって、社会に秩序が生まれ、順序正しい活動ができ、事業が末永く続くようになるのである。天命を楽しんで仕事をするということは、世の中で生きていく第一の要件であり、この本来の意味の「あきらめ」はだれでももたなくてはならない。

11月　礼譲ほど、美しいものはない

居室にて読書する栄一

1日

ささいなことであっても、最初、決心を固める際に慎重にならなければ、ついに取り返しのつかないことになる。

2日

一生を研究にささげて倦《う》むことがないという人がいなくては、世の中の進歩は望みがたい。

3日

言う人、必ずしも行なわず。

4日

一方には良くて、他の一方に悪いことは、真の経済ではない。

5日

『論語』と算盤《そろばん》は、必ず一致しなければならない。

6日

万事は、運命だけで成就するものではない。

7日

どんなものでも皆、生命のないものはない。

※渋沢は、万物に生命が宿っているという、いわゆる「アニミズム」を主

張することがある。しかし、詳しく論じることはなく、「アニミズムを認めるが、詳細は論じない」というのが渋沢の姿勢である。

8日

人間の行動の基準は、成功するかしないかではなく、それが正か不正かである。

9日

表面に現れた事実だけを見て、その人の心を推し測ってはいけない。

10日

徳のある人が栄えるとは限らない。しかし、「徳、孤ならず、必ず隣あり」は疑いない。

※『論語』の言葉であり、「人徳のある人は孤立しない。必ず理解者が現れる」という意味である。

11日

財産を大切にする要点は、よくたくわえるのではなく、よくこれを運用することである。

※渋沢は東京株式取引所（現・東京証券取引所）の設立と運営に尽力し、「投資」の重要性を広く訴えていた。しかし渋沢はあくまで「投資」を重んじ、「投機」は絶対にしないと言っていた（『論語講義』より）。

12日

知識が偏っていることと、規則や手続きが煩雑であることは、やがて世界の進歩に遅れるもととなる。

13日

実力以上に財産を私有する必要はない。

14日

利他の観念のない者がいかに富を積んでも、真に国が豊かになったとはいえない。

15日

恩賞と刑罰、どちらも実行するには、忠恕の精神が伴わなければならない。

16日

およそ人がこの世で生きていく上で、何ごとか成そうと思うのなら、戦国時代の武士のような覚悟が必要である。

※戦国武将で渋沢が一番高く評価するのは徳川家康である。『論語講義』では「家康をもって日本の聖人となして可なり」と言っている。

17日

自分のことを後回しにして、天下国家のことを優先すれば、自分もまた利益を得ることができる。

18日

自分の心でもって人の心を推し測るのは、小人《しょうじん》の常である。

※「小人」とは「君子」の反対の人のこと。渋沢は『論語講義』において、「君子」は善をなすことを志し、「小人」は私利をはかることを志すと説明している。

19日

人と談話するときに重要なのは、自分の心を相手の心に感応させることである。

20日

人と談話するときの要点は、その話題にあらんかぎりの精神を集中させることにある。

21日

わが家には、宝として子孫に残せるものは何もない。『大学』の「善もって宝となす」、ただこのひと言のみである。

※『大学』に「楚《そ》国はもって宝となすなし、ただ善もって宝となす」(楚の国には財宝のようなものはない。善人たちこそ、国の宝とすべきである)という言葉がある。

22日
学者が学におぼれて実地を軽んずること、実業家が現実ばかり見て学問と疎遠になることは、どちらも正しくない。

23日
金をもつようになって、戒めるべきことは、無駄づかいとケチである。

24日
世の中は理性と知恵だけで渡っていけるものではない。理性と知恵に伴う温情がなければならない。

25日

私は天に対しても、神に対しても、自分に幸いあれと祈ったことはない。

26日

私は昔の嫌なことを考えない代わりに、昔の恩は忘れない。

27日

礼譲ほど、美しいものはない。

28日

完璧であることを人に求めたら、人はいなくなる。

※『書経』に「人とともにするには、備わらんことを求めず」（人と一緒に仕事をするなら、人に完璧を求めてはいけない）という言葉がある。『論語』にも「備わらんことを一人に求むることなかれ」（すべてのことを一人の人に求めてはいけない）と記されている。

29日

だれであっても世界に目を向けることが必要である。青年は特にそうである。

30日

何もしないで暮らすのは、一つの罪悪である。

12月　すべてのことには道理がある

1940年に建立された石碑「青淵翁誕生之地」
幸田露伴（明治～昭和初期の文豪）書

1日

何ごとも精通していなければ熟さない。熟さなければ実を結ばない。

2日

嘘やいつわりは、世の中に存在してはならない。

3日

国の富強は地方から起こり、文明は都会から始まる。

4日

人のまねは、形をまねするのではなく、その心をまねよ。

※大正六（一九一七）年九月、東京高等商業学校（現・一橋大学）で、こ

れから実業界に出る学生に対して、形だけ渋沢のまねをしようとすることを戒めた発言。

5日

国民に忠恕の念が盛んな国は文明国である。これと反対の国は野蛮である。

6日

ものごとが成功しないで、困って取り乱すのは、その心に安心立命がないからである。

7日

天の判断は時にまちがっているように見えるが、長い目で見れば正しい。

※『史記』「伯夷列伝」に「天道、是か非か」(天の判断は正しいのか、まちがっているのか)という言葉がある。渋沢は、長い目で見れば常に正しいと考える。

8日

過ちを過ちとして、その人を捨て去ることがないように。

9日

悪人は必ずしも悪人で終わるものではない。善人が必ずしもよいことを成し遂げるとは限らない。

10日

寒くなればなるほど、春の花咲く季節は近くなる。

※漢詩文で「春の花」といえば、梅を指す場合が多い。古来中国では、寒さの中で真っ先に咲く梅の花は、逆境に堪える「君子」の象徴であった。渋沢も梅についての詩歌を多く残している。「寒けれと世は春風になりにけり　梅に来て鳴け谷の鶯」（『青淵詩歌集』）。

11日

心配したからといって、なるようにしかならない。つくせるだけつくせば、あとは安心である。

12日
自分勝手な考えは、人生の本当の意義と矛盾することを知らなければならない。

13日
人生の目的は、他人のために配慮することにある。

14日
人の発言をふさぐことはできない。人の信念を変えさせることはできない。

15日
人道に、洋の東西は関係ない。

16日
人心の機微を察知できない者は、最後には失敗する。

17日
ものごとは順を追って行なうのがよい。決して焦ってはならない。

18日
自分のつくすべきことをつくして、それから先の運命は、天に任せよ。

19日
慈善事業を慈善だと思って行なうのは真の慈善事業ではない。私はただこれを楽しみとしている。

20日
相手と仲直りをするには、相手を正そうとするより、まず自分を正すことが肝心である。

21日
貧富の差が大きくなればなるほど、国家の安定を害するおそれがある。

22日

人と接していながら冷淡であるのは、一種の罪悪である。

23日

人はとうてい歴史から離れることはできない。

24日

人は正義のため、人道のため、努力する勇気がなくてはならない。

25日

人が来れば出迎える。出迎えるなら心を空っぽにして、至誠でもって人を待つ。これが私の接客法である。

※渋沢の人に対する態度は、とにかく丁寧で有名であった。人はこれを「渋沢のバカ丁寧」と呼ぶほどであり、何十年と毎日のように一緒に働く十歳以上年齢が離れた部下であっても、渋沢は敬語で話したという。

26日

人々の境遇は、人々みずからがこれをつくっている。

27日

もし人の心からわがままを取り去って、お互いにその天与の性質に従って生活することができるならば、国家や社会は必ず堯《ぎょう》や舜《しゅん》の治世となりえるだろう。

※堯、舜とは、古代の中国で優れた政治を実現したとされる帝王である。儒教は、これらの政治を理想としており、『十八史略』では、堯の政治が「鼓腹撃壌《こふくげきじょう》」の故事で紹介されている。

28日

ものは見よう、ことは考えようによって、狭くも広くもなることは否定できない。

29日

成功にも卑しむべきものがある。失敗にも尊ぶべきものがある。

※たとえば、渋沢は尊敬すべき失敗者の例として菅原道真をあげ、卑しむべき成功者として、道真を追放した藤原時平をあげている（『青淵百話』よ

り）。

30日
誠心誠意、人に接すれば、不思議なほど相手に感動を与えるものである。

31日
すべてのことには道理がある。なるにはなるだけの道理があり、ならないにはならないだけの道理がある。

解題

渋沢史料館 館長　井上潤

本書の底本は、一九一九（大正八）年一月に富之日本社より出版された矢野由次郎編『青淵先生訓言集』です。なお、同書の編集にあたっては慶應義塾大学の赤羽俊良教授の助力を得たようです。

渋沢栄一は、実業界に身を投じて以降五十余年の間に数多くの演説・講話・談論等を発しており、その多くは、渋沢邸に仮寓した書生の勉強会から発展し、渋沢の事績・思想を普及・顕彰する財団へと継承された竜門社（現在の公益財団法人渋沢栄一記念財団）の機関誌『竜門雑誌』に掲載され、また、単行本として刊行されたものは『論語と算盤』を代表として、十六種もあげることができます。これらを一読するには数カ月もの日数を要するということで、特に青年を対象として読んでは智徳を得さしめ併せて世の様々な誘惑に溺れる危険から救うために、それら書を熟読・玩味したうえで、抜粋、簡約して脱稿したものを渋沢の閲覧に供し、これを公にして誘掖《ゆうえき》の一助となることを願い刊行に至ったのが『青淵先生訓言集』です。

渋沢の講演・訓話はすべて古今東西の哲学を経《たていと》とし、自分の実践と経験を緯《よこいと》として編み出された実学と指摘されます。従って一読して心の琴線にふれ、智徳向上の糧となり、同時に処世の道標となるとの判断がそこにはあったのです。

渋沢自身は、当初、これらの出版については固辞し、積極的ではありませんでした。「我が天職とする所は別にあって、我が意見を世に問うのは本意でない、志す所を実行するにある。況《ま》して我が談話を公刊するが如きは、自ら進んで意見を世に知らしむる様世間に取らるるのは甚だ心苦しい」という実践主義者たる想いからだったようです。ただ、出版社側としては、国のため、社会のため、人のために、世道人心に裨益《ひえき》する談話からして、渋沢は、実業界第一流の学者であるという認識であると説得したのでした。

さて、『青淵先生訓言集』初版発行以来ほぼ七十年を経た一九八六(昭和六一)年五月に、渋沢青淵記念財団竜門社創立百周年記念事業の一つとして新版『渋沢栄一訓言集』(渋沢栄一著)が国書刊行会より出版されました。題名を改めたのは、渋沢の雅号「青淵」よりは実名の方が知名度が高く、より広く流布し、かつ読者の検索にも便宜を得ると考えたからです。世の中の変化により、すでに無用となった項目は省き、用語、仮名づかいも述者の文章をそこなわない限りつとめて訂正し、難字はひらがな、あるいは同音同義の字に置き換えています。

当時、渋沢史料館学芸員に成りたてだった私は、渋沢の事績・思想に目を向けられることが極めて少なかったことから、同書が記念出版されても売れないことを想定して、この出版企画に反対した覚えがあります。

ただ、今日は、とても多くの方が、渋沢が発した言葉から思想に触れ、生きる術、心の支えとするべく求めています。まさに今、現代語抄訳版としてPHP研究所より刊行される本書『渋沢栄一　一日一訓』は、混迷する世の中を生きるうえで多くの示唆を与えるものと信じています。

「渋沢栄一」略年譜

西暦	和暦	齢	関係事項
一八四〇	天保一一		2月13日、武蔵国榛沢郡血洗島村（現・埼玉県深谷市血洗島）に生まれる
一八五三	嘉永　六	13	この頃、単身、藍葉を買い付ける（15歳頃より家業に精励）
一八五八	安政　五	18	12月、ちよと結婚する
一八六三	文久　三	23	9月、高崎城乗っ取り、横浜異人館焼き討ちを計画 11月、計画中止、京都へ
一八六四	四	24	2月、一橋家に出仕
一八六七	慶応　三	27	1月、パリ万国博覧会に参列する将軍名代徳川昭武（将軍・徳川慶喜の弟）一行に随行して渡欧、知見を広める（翌年11月帰国）
一八六八	明治　元	28	12月、静岡藩勘定組頭を命ぜられるが辞退
一八六九	二	29	1月、静岡藩勘定頭支配同組頭格御勝手懸り中老手附、商法会所頭取を命ぜられる 11月、民部省租税正、民部省改正掛掛長となる

一八七一	四	31	8月、大蔵大丞に任ぜられる
			12月、大蔵省紙幣寮紙幣頭を兼任、(国立)銀行条例編成にあたる
一八七二	五	32	2月、大蔵少輔事務取扱を命ぜられる
一八七三	六	33	5月、大蔵省退官
一八七五	八	35	8月、第一国立銀行頭取となる
一八七八	一一	38	8月、東京商法会議所会頭となる
一八八二	一五	42	7月、妻・ちよ、没する
一八八三	一六	43	1月、兼子と再婚する
			11月、東京商工会会頭となる
一八八六	一九	46	4月、竜門社設立
一八九〇	二三	50	9月、貴族院議員となる
一八九一	二四	51	7月、東京商業会議所会頭となる
			10月、貴族院議員を辞する
一八九六	二九	56	9月、第一国立銀行、㈱第一銀行として新発足、引き続き頭取となる
一九〇〇	三三	60	5月、男爵を授けられる
一九〇一	三四	61	5月、飛鳥山邸(現・東京都北区西ヶ原)を本邸にする
一九〇二	三五	62	5月、兼子夫人同伴にて欧米視察(同年9月帰国)

一九〇三	三六	63	11月、インフルエンザ発症、療養の日々を送る
一九〇四	三七	64	9月、長期療養を終え、復帰
一九〇九	四二	69	6月、多くの企業及び諸団体の役職を辞任
			8月、渡米実業団団長として第2回渡米、同年12月帰国
一九一四	大正三	74	5月、中国視察（同年6月帰国）
一九一五	四	75	10月、第3回渡米（翌年1月帰国）
			11月、勲一等旭日大綬章を受章
一九一六	五	76	7月、㈱第一銀行頭取退任、相談役となる
			9月、『論語と算盤』を刊行
一九二〇	九	80	4月、㈳国際連盟協会会長となる
			9月、子爵を授けられる
一九二一	一〇	81	10月、第4回渡米（翌年1月帰国）
一九二三	一二	83	9月、大震災善後会創立、副会長となる
一九二四	一三	84	3月、東京女学館館長及び㈶日仏会館理事長となる
一九二七	昭和二	87	2月、日本国際児童親善会会長となる
一九二八	三	88	11月、勲一等旭日桐花大綬章を受章
一九二九	四	89	12月、宮中に参内、ご陪食の栄に浴す
一九三一	六	91	1月、㈶癩予防協会の会頭・理事となる

4月、日本女子大学校校長となる
8月、中華民国水災同情会会長となる
9月、飛鳥山邸において中華民国水害被災者救援のため義捐金募集のラジオ放送演説を行う
11月11日、午前1時50分、永眠

※一八七二年一二月三日までの月日数字は陰暦による。年齢については、その年の誕生日を迎えた時の満年齢を記した。「関係事項」は渋沢史料館副館長の桑原功一氏にご協力いただき、渋沢史料館発行『常設展示図録　渋沢史料館』(二〇〇〇年)所収の「渋沢栄一略年譜」などをもとに作成した。

〈編訳者紹介〉

ＰＨＰ理念経営研究センター
（ぴー・えいち・ぴー・りねんけいえいけんきゅうせんたー）

松下幸之助が提唱した「理念に基づく経営のあり方」を探求するために設立された研究機関。理念経営についての理論研究や調査を推進し、企業等の組織の経営力向上のために様々な提言活動をしている。

〈主担当：坂本慎一（同センター研究コーディネーター）〉

渋沢栄一　一日一訓
［現代語抄訳］青淵先生訓言集

2020年10月22日　第1版第1刷発行

著　　者　渋沢栄一
編 訳 者　ＰＨＰ理念経営研究センター
発 行 者　後藤淳一
発 行 所　株式会社ＰＨＰ研究所
東京本部 〒135-8137 江東区豊洲5-6-52
出版開発部 ☎03-3520-9618（編集）
普及部 ☎03-3520-9630（販売）
京都本部 〒601-8411 京都市南区西九条北ノ内町11
PHP INTERFACE　https://www.php.co.jp/

組　　版　朝日メディアインターナショナル株式会社
印 刷 所
製 本 所　図書印刷株式会社

ISBN978-4-569-84765-8